내가
만난
하나님

오순희 지음

내가 만난 하나님

목차

Box 목차

부록1 해외 성지 순례기

부록2 내 눈과 마음으로 본 오순희 권사님

감사의 글

이 책은 비전교회 채이석 담임 목사님의 권면을 통해 지금까지 하나님께서 내게 주신 은혜와 축복의 역사를 보다 많은 사람들과 나누기 위해 쓰게 되었습니다. 철야와 새벽 기도 때마다 눈물로 기도의 씨앗을 뿌리며 전도와 국내외 선교를 통해 기도의 열매를 맺게 하신 하나님 아버지께서 내게 행하신 역사에 대한 내 평생의 증거요 간증입니다. 가난과 남편의 병간호로 지쳐 힘든 상황에서 암 선고마저 받아 포기할 뻔했던 삶에 '죽은 줄 알았던 선인장'에서 핀 꽃을 통해 희망을 주시고 다시 살게 하시며 인생을 구원해주신 하나님에 대한 고백입니다.

저는 저를 여기까지 달려올 수 있도록 믿음의 토대를 굳게 다져준 훌륭한 신앙의 선배님들을 잊을 수 없습니다. 기도의 본을 보여주신 故 김찬국 장로님과 백복녀 권사님, 철야기도 생활의 동역자였던 이순희 권사님(두레교회 장로님), 사역이 물질적인 어려움을 만날 때마다 협력해주신 김분옥 권사님, 구역 권찰로 교회 첫 사역에 나설 수 있게 권면해주신 박호원 목사님, 체계적인 전도 훈련에 눈을 뜨고 열방 선교의 꿈을 꾸게 하신 채이석 담임 목사님과 박희진 사모님, 그리고 매 사역마다 주저함 없이 협력해주신 장로님들, 특히, 해외 교회 개척에 협력해주신 이성우 목사님과 최수용 장로님께 진심으로 감사를 드립니다.

마지막으로 책이 출간되기까지 가장 가까이에서 나를 지켜보고 함께해 준 사랑하는 가족들에게도 감사를 전합니다. 특히, 서울에서 뿌리를 내리게 해 주신 큰 시숙님과 셋째 시숙님께도 감사를 드립니다. 그리고 구원 받고 변화된 남편이야말로 내 사역을 지원해준 가장 든든한 협력자요 조력자였기에 지면을 빌려 다시 한 번 감사하다는 말을 전하고 싶습니다. 출간하기까지 내용을 선별하고 다듬어 준 큰아들 내외와 기도로 동참해 준 둘째 아들 내외, 출판 작업과 모든 행정을 도와준 막내딸 내외, 그리고 사랑하는 손자인 준혁, 준호, 하윤이와 외손녀 예나에게도 아내로서, 엄마로서, 할머니로서 고마움을 전합니다.

2018년 12월 24일

오순희 권사

축하의 글

- 오순희 권사님의 자서전 출간을 축하드립니다 -

　먼저 오순희 권사님의 자서전 『내가 만난 하나님』이 출간된 것을 비전교회 온 교우들과 함께 축하드리며 무엇보다 하나님께 영광을 올려드립니다.

　오순희 권사님은 눈물의 기도로 온 가족을 주께 인도하여 가정을 믿음의 명문가로 일으켜 세운 기도의 어머니이시고, 언제나 교회 중심으로 평생을 살아오신 충성스러운 교회의 기둥 같은 일꾼이십니다. 오직 믿음으로 영혼을 살리는 일에 헌신을 해 오신 전도대장이시고, 많은 사람들을 그리스도의 제자로 삼아 오신 제자 중의 제자이시며, 예수 그리스도의 사랑으로 많은 사람을 위로하고 격려하며 함께 믿음의 길을 달려오신 믿음의 영웅이십니다.

　무엇보다 감사한 것은 바울이 브리스길라 아굴라 부부와 함께 동역하면서 큰 위로와 힘을 얻은 것처럼 담임 목사인 제가 오순희 권사님과 이종환 안수 집사님 부부와 함께 한 교회를 섬겨 오면서 큰 위로와 힘을 얻게 된 것입니다. 뿐만 아니라 두 분의 삼 남매 자녀들까지도 언제나 목회자에게 큰 기쁨이었기 때문에 하나님 앞에 얼마나 감사한지 모릅니다.

이종환 안수 집사님은 말없이 목회자에게 늘 위로가 되어주셨습니다. 말 한마디라도 좋은 말만 해주셨습니다. 늘 염려와 위로로 기도해주셨습니다.

권사님은 이십 년 넘도록 한 번도 남 이야기를 하신 적이 없으셨습니다. '오직 예수', '오직 전도', '오직 교회' 이야기를 하셨습니다. 그리고 한 번도 부정적인 말을 하지 않으셨습니다. 제가 놀랄 만큼 늘 '하나님 중심', '교회 중심' 그리고 '목회자 중심'으로 주의 일에 헌신해 오셨습니다. 이보다 더 감사한 일이 없다고 생각합니다. 목회자에게 주신 큰 축복 중의 하나일 것입니다.

이 책에서 권사님은 어려운 시절과 고난의 시절이 분명 있었지만 한결같은 마음과 포기하지 않는 기도로 받은 넘치는 은혜와 감사한 이야기들을 간증하시면서 하나님께 영광을 돌리십니다. 자녀들을 통해서 주신 감사한 이야기들, 권사님 내외분에게 주신 특별한 은혜들과 교회를 섬기면서 주신 놀라운 간증들, 전도와 선교 현장에서 겪었던 감당할 수 없었던 어려움, 그 이상으로 갚아주시고 채워주시는 하나님의 은혜에 대한 이야기들을 소개하십니다.

그동안 하나님께서 권사님과 그 가정에 주신 은혜의 이야기를 이 책에 다 담을 수는 없겠지만 이 한 권의 책을 통해서 분명 하나님께서 이루어 주신 놀라운 일들을 확인하면서 읽는 분들마다 하나님께 영광을 돌리게 될 줄로 믿어 의심하지 않습니다. 아울러 이 책이 더 많은 분들에게 소개되고 읽혀서 권사님의 평생소원인 선교와 전도를 통해서 생명을 살리는 일이 멈춤 없이 계속해서 이루어져 가기를 바랍니다.

그동안 거친 세파를 헤치고 여기까지 달려오신 것만 해도 쉽지 않으셨을 텐데 지난 일들을 이 한 권의 책에 담아내시려고 긴 시간 기도와 함께 정성을 다해 오신 권사님의 수고에 경하를 드리며, 주님 부르시는 그날까지 계속해서 선한 일에 열심히 하는 믿음의 영웅으로 살아가시기를 소원하며 다시금 이 책의 출간을 축하드립니다.

2018년 11월
비전교회 담임 목사
채이석

1장

아름다운 유소년 시절과
힘든 결혼 생활의 시작

유년 시절의 행복했던 기억들

부산 범일동 해방둥이

나는 철도 회사에 근무하셨던 아버지와 장사를 하신 어머니의 3남 4녀 중 셋째 딸로 부산 범일동에서 태어났다. 해방되던 해(年)에 태어나 여느 동갑내기들처럼 '해방둥이'라고 불렸다. 기억이 희미하지만 해방 직후 부산에서 보낸 어린 시절은 영도다리 같은 신(新)문물들이 주는 신기함으로 가득했던 것 같다. 부산은 당시에도 국내에서 가장 큰 항구 도시였기 때문에 미국과 일본의 신문물을 바로 접할 수 있었다. 덕분에 요즘 아이들이나 가지고 놀았을 법한 소꿉놀이 장난감도 가지고 놀았다.

흰색 칼라에 검은색 세라복을 입고 초등학교를 다녔던 큰언니가 멋져 보이기도 했다. 큰언니 손을 붙잡고 매일매일 어머니가 일하시는 시장까지 걸어가면서 느꼈던 비릿한 바다 냄새와 시장 아줌마들의 억센 외침들, 그리고 철마가 뿜어내던 수증기 등이 어렴풋이 기억에 남아있다.

부모님은 서양과 일본의 문화와 생활양식이 스며들어 있던 부산에 살면서도 전통적인 삶의 방식을 지키며 우리 형제들에게 예의범절을 잊지 않도록 가르치셨다. 집에 찾아오는 손님에게는 비록 쌀독에 쌀이 떨어져도 극진히 대접하셨고, 일 년에 여덟 번이나 제사를 드리며 조상을 모셨다. 그런 부모님들을 보고 형제들도 어른을 존경하고 예의범절을 지키며 자랄 수 있었다.

어린 시절의 삶을 돌이켜보면 하나님을 만날 여지라고는 전혀 없었다. 성탄절조차 교회 한 번 간 적 없었고 오로지 유교적 가치관 속에서만 자랐기 때문이다. 그런 내가 주님을 믿고 전도 사명자로서 오늘까지 달려온 것은 오로지 내가 만난 하나님의 은혜요 역사일 뿐이다.

경상북도 문경과 예천에서의 생활

여섯 살이 되던 여름, 어머니는 막내 출산을 위해 부산을 떠나

고향인 경상북도 문경으로 올라가셨다. 산후조리를 마친 뒤 부산으로 돌아오겠다고 하시고 떠나셨지만, 어찌된 영문인지 1년도 못되어 아버지도 철도 회사를 사직하고 형제를 데리고 문경으로 이사하셨다. 6·25 전쟁이 끝나 가던 무렵으로 기억된다. 어린 마음에 울려 대던 총 소리와 대포 소리는 무서웠다. 그 후 아버지는 경상북도 예천으로 다시 한 번 더 이사했다.

아버지는 예천에 도착한 뒤에 농사를 지으시며 동네 통장을 맡으셨다. 글을 깨우치지 못한 동네 어른들을 위해 대신 편지를 읽어 주시거나 대필도 마다하지 않으셨다. 또한, 학생들을 모아 한문을 가르치는 서당도 여셨다. 나 역시 그때 아버지께 명심보감을 배웠다. 동네 아이들과 어른들이 아플 때에는 침술로 많은 사람들을 고쳐 주셨다.

사람들은 아버지 노고에 대한 답례로 막걸리와 떡, 고기 등을 가져왔고, 이런 음식들로 인해 우리 집은 손님이 끊이질 않았다. 어머니는 그런 귀한 음식들을 자녀들 손에 들려서 오히려 동네의 어려운 가정들에게 나눠주셨다. 그리고 음식을 들고 심부름하던 내게는 부족하거나 모자라도 나눌 수 있다면 더 큰 기쁨이 된다고 말씀하셨다.

어머니는 어려운 살림에도 세 명의 시동생들을 손수 결혼시키셨다. 사실 어머니는 17세에 결혼하자마자 학업을 위해 남편을 일본과 만주 땅으로 두루 돌아보게 하셨고, 5년 만에 돌아오신 아버지와 7남매를 두고 억척스럽지만 온유하고 부드럽게 가정을 꾸려오셨다. 그런 어머니는 나의 가장 좋은 인생의 스승이었다. 손님상에 올릴 음식을 좋은 식재료를 가지고 직접 만드시며 정갈하고 맛깔스럽게 담아 대접하셨던 모습은 내가 하나님을 만나고 수많은 영혼을 구원하는 전도 사역에 나서는데 좋은 밑거름이 되었다.

예천은 두메산골이어서 십 리를 꼬박 걸어 초등학교를 다녔다. 초등학교 시절 죽어 가는 송림을 살리기 위해 전교생이 송충이를 잡으러 산에 가는 일이 종종 있었다. 어른 손가락 두 마디 길이에, 털이 부숭부숭하고 오동통하게 살이 오른 송충이를 나무젓가락으로 잡아 채집 봉투에 넣으면 되는 것이었지만 어린 나에게는 겁이 나고 너무 징그러웠던 기억으로 지금껏 남아있다.

물론 안 좋은 기억만 있는 것은 아니다. 그 당시는 이승만 대통령 집권 후 여러 해에 걸쳐 논바닥이 거북이 등껍질처럼 갈라지면서 가뭄에 모두가 힘들던 시절이었다. 봄이면 보릿고개를 맞아 소나무 속껍질로 떡을 해먹거나 나물죽으로 연명하던 시기도 있었다. 쌀 대신 보리와 조가 밥상에 올랐지만 그나마도 부족했다.

나와 동네 친구들은 산속 도랑에서 가재를 잡거나 풀숲 사이에 숨어든 메뚜기를 잡아먹고 산개금과 산머루 같은 열매나 잔대 뿌리 등을 간식으로 먹었다. 동심의 어린이들에게 자연은 가뭄 속에서도 여전히 먹을 것의 보고나 다름없었다. 비록 배고팠지만 하나님이 창조하신 자연 속에서 뛰어놀며 행복했는지도 모르겠다. 보릿고개를 지혜롭게 넘길 수 있도록 도와주신 하나님께 감사드린다.

> 하나님이 이르시되 내가 온 지면의 씨 맺는 모든 채소와 씨 가진 열매 맺는 모든 나무를 너희에게 주노니 너희의 먹을거리가 되리라.
>
> (창세기 1장 29절)

　예천에서의 어린 시절은 즐겁고 행복했다. 여름이면 모깃불을 피워 그 속에 감자와 고구마를 구워 먹었다. 온 얼굴에 검댕을 묻혀가며 호호 불어 먹던 그 감자와 고구마는 요즘은 도저히 느낄 수 없는 즐거움들이었다. 정월 대보름에 귀신이 나오지 말라고 둘째 오빠와 만들었던 귀신불 놀이는 신기했고, 친구들과 참외와 수박을 사러 밭을 하염없이 걸어가던 순간은 마냥 들떠 있었다. 엿장수가 오면 양은 냄비를 주고 바꿔 먹던 일 등, 힘들고 어려운 것들까지 모든 것이 어렴풋이나마 마냥 즐겁고 행복해했던 동심의 추억으로 남아있다.

군대 간 남편 대신
시어머님과 함께한 신혼 생활

남편은 군대를 두 번 다녀왔다. 결혼 전에 입대했던 남편은 늑막염 때문에 복무 기간 중 귀향 조치되었지만 당연히 군 복무를 마치고 정상적으로 제대한 것으로 알았던 나는 아무것도 모른 채 그런 남편과 결혼했다. 결혼 후 한 달도 못 되어 남편은 재입대했고 복무 기간을 다 채우고 제대했다. 당연히 제대한 줄 알았던 남편을 군대에 재입대시켜야 한다는 사실은 당황스러움 그 자체였다.

신혼의 단꿈에 빠져야 할 시기에 남편도 없는 시댁에서 시부모님은 물론 둘째 형님 내외분, 그리고 조카들과 함께 낯선 생활이 시작되었다. 더 큰 당황스러움은 재입대한 남편 때문에 혼자 남겨진 며느리가 걱정된다며 시어머님께서 같은 방을 쓰며 같은 이불을 덮고 자자고 하신 일이다.

시어머님은 며느리 누구에게나 어려운 분이다. 갓 시집간 나는 어찌할 바를 모르고 뜬눈으로 하룻밤을 지새웠다. 전전긍긍하다 시어머님도 내 어머니라고 생각을 바꾸자 함께 이불을 덮을 용기가 생겨났다. 생각을 바꾸니 편히 잠도 청할 수 있었다. 3년이나 같은 이불 속에서 잤다. 무슨 일이든 마음먹기에 달렸다고 하는 옛말이 이만큼 실감나게 다가온 적은 없었다.

하지만 예천 시댁에서의 삶은 그렇게 단순하지 않았다. 시어머님은 젊은 시절 평생 위장병으로 바깥일을 할 수 없었던 시아버님을 대신해 4남 2녀의 대가족을 홀로 책임지셨던 여장부셨다. 그러다 보니 강하셨고 자녀들에게도 엄격하셨다. 그런 시어머님의 불호령은 며느리들을 힘들게 했다. 물론 그 덕분에 남편 형제분들은 어려운 살림에도 불구하고 지금까지 각자의 길을 성공적으로 살아올 수 있었다. 한편, 시어머님은 시아버님의 병환을 치료하고자 불심은 물론 '굿' 같은 미신도 마다하지 않으셨다. 유교적 가정에서 자란 탓에 한 번도 본 적 없던 '굿'을 보며 나는 무서워 쓰러지기도 했다.

그러나 나에 대한 시어머님의 깊은 사랑만은 지금도 또렷이 기억난다. 후에 서울에 올라오시면 항상 내게 이렇게 말씀하시며 안타까워하셨다.

"네 시어른이 위장병으로 고생한 것도 힘들었는데 아들까지 위장병으로 고생할 줄 몰랐다. 아가야, 너무 미안하구나."

때로는 엄하셨지만 속 깊은 시어머님의 사랑만은 나를 지탱해 주는 버팀목이었다. 지금도 그런 시어머님의 임종을 지키지 못한 것은 못내 아쉽고 죄송하다.

돌아가시던 그날 새벽 4시경, 시어머님이 꿈에 나타나셔서 아직도 자냐며 나를 깨우셨다. 너무 놀라 잠자리에서 벌떡 일어나 남편을 깨웠다. 자초지종을 들은 남편은 급히 예천에 전화했고 예천 형님에게서 막 임종하셨다는 비보를 들었다. 소름이 돋고 다리에 힘이 풀렸다.

시어머님께 복음을 전했지만 구원의 확신이 없으셨다. 구원의 확신을 갖지 못한 채 소천하셔서 참으로 후회와 아쉬움이 남았다. 영혼 구원에 대한 후회와 아쉬움은, 나중에 땅 끝까지 전도하는 사명을 가지고 기꺼이 나서는 원동력이 되었다.

> 오직 성령이 너희에게 임하시면 너희가 권능을 받고 예루살렘과 온 유대와 사마리아와 땅 끝까지 이르러 내 증인이 되리라 하시니라.
>
> (사도행전 1장 8절)

\ \
/ /
\ \

2 장

흑암의 골짜기 같은 서울 생활

.1.

양은 냄비 하나, 숟가락 두 개

남편은 제대 후 곧장 서울로 상경했고 나도 아무런 준비 없이 남편을 따라 서울 큰형님 댁에 머물렀다. 곧 큰형님 댁을 나와 을 지로 한 귀퉁이 3평 남짓한 곳에 쌀가게를 차려 독립적인 생활을 시작했다. 그때부터 물질적 궁핍은 시작되었다. 우리보다 먼저 서 울에 정착하신 셋째 형님이 주신 노란 양은 냄비 하나와 숟가락 두 개로 살림을 시작할 수밖에 없었다.

결혼 3년 만에 남편 따라 무작정 상경해 시작한 신혼 생활은 그 야말로 환난 자체였다. 신혼집은 집이라 부를 수도 없었다. 쌀가게 한쪽을 나누어 임시로 만들어 혼자 눕기도 힘들 정도로 좁은 방에 불과했기 때문이다. 그곳에서 나는 쌀가게를 운영했고 동시에 만성 위장병으로 고통 받던 남편 병수발도 들었다.

공동 화장실과 공동 수도를 사용하는 것은 말할 것도 없었다. 쌀더미 사이에서 쪽잠을 잤고 매주 남편의 위장약을 사기 위해 한약방에 다녀와야 했다. 매일 한약 달이는 것은 나의 하루 일과가 되었다. 남편의 한약 냄새는 코끝에서 끊이질 않았다.

남편은 밥만 먹으면 속이 뒤틀리는 고통에 신음하며 바닥을 기어 다닐 정도로 아팠다. 첫째를 임신해 배가 점점 불러왔지만 아픈 남편을 대신해 쌀장사를 해야만 했다. 처음엔 병이 회복될 남편과 태어날 아들을 생각하며 희망을 가지고 살았다. 하지만 하나님을 알지 못했기 때문에 남편의 위장병과 그로 인한 삶의 고통은 점차 견디기 어려워지고 있었다.

뱃속의 아이가 자라면서 한 사람도 제대로 눕지 못할 정도로 좁은 쪽방은 이미 내가 누울 수 있는 공간이 아니었다. 그러던 중, 이대로 살 수 없다는 생각에 임신 7개월 만에 지금의 동대문 디자인 플라자(DDP) 자리에 있던 동대문 운동장 쪽으로 가게를 조금 늘려 이사했다. 쪽방 신세는 면했지만 여전히 가게 안에는 문도 없는 방이 우리의 새 보금자리였다. 아기와 겨우 누울 수 있는 공간이었다. 그렇게 큰아들을 출산하고 1년을 더 그곳에서 지냈다.

큰아들이 태어난 날도 내게는 큰 시련이었다. 남편은 그날도 자신의 약을 짓기 위해 아침 9시에 청량리 경동시장 한약방으로 나갔다. 하지만 진통이 예정일보다 일찍 시작되었다. 철없는 남편은 출산이 임박한 것도 모른 채 저녁 8시가 넘어서야 밖에서 놀다가 겨우 들어왔다. 남편이 들어오자마자 쌀가게를 맡기고 셋째 형님의 도움으로 신당동 산부인과로 가서 어렵게 큰아들을 출산할 수 있었다. 출산 후 하루 만에 병원에서 아기를 데리고 퇴원했고 산후조리는 꿈도 꾸지 못했다.

퇴원하는 날부터 남편은 내게 쌀가게를 맡기고 어디론가 나가 버렸다. 때로는 무거운 쌀을 들다가 쓰러지기도 했다. 남편은 산모인 나에게 밥 한 끼는커녕 미역국도 챙겨주지 못했다. 대신 셋째 형님이 미역국도 끓여 주시고 도와주셨다. 하지만 형님 역시 가게 일로 바쁘셨기 때문에 산후조리를 도와줄 수가 없었다.

3일도 안 되는 시간만 산후조리를 했기 때문에 점점 야위었고, 산후풍이 든 것도 모르고 한 달이나 지냈다. 그러면서 오한이 들어 한여름에도 솜이불을 두 개나 덮곤 했다. 큰 시숙과 셋째 시숙은 이러다 사람 죽겠다며 무관심한 남편을 대신해 서울대학병원에 나를 입원시켰다. 일주일 동안 검사했지만 병명이 나오지 않았다. 담당 교수가 산후풍이라며 호박소주와 가물치를 해 먹으면 기력이 회복될 수 있을 거라 말씀해 주셔서 여동생이 가져온 늙은 호박에 꿀을 넣어 중탕한 뒤, 그 물을 마시며 기력을 점차 회복했다.

큰아들 백일이 지날 무렵에야 정상으로 회복되었다. 그 무렵, 문도 없던 쪽방에서 가게 주인집 문간방으로 이사를 하였다.

남편 병으로 인한 고통

　문간방으로 이사한 후에도 남편 병으로 인한 어려움은 끝이 없었다. 나아질 기미를 보이기는커녕 오히려 더 심해졌다. 남편의 몸은 50kg도 되지 않았다. 한번은 좁쌀처럼 작고 까만 물사마귀가 남편 얼굴 전체에 돋아난 적이 있다. 피부과에서 물사마귀를 긁어내면 온 얼굴이 새빨갛게 되어 보기에도 흉측했다. 하지만 치료 후 며칠만 지나도 물사마귀가 남편의 얼굴을 다시 뒤덮었다. 흉측한 몰골을 비관한 남편은 더 살 수 없다며 자살하겠다고 찻길로 달려들었고 그런 남편을 겨우 붙들고 집으로 돌아온 적도 있었다. 그럴 때마다 지쳐 버린 나는 영혼까지 깊은 고통에 빠졌다. 돌이켜 보면 예수님을 만나기 전, 단 하루도 남편 병 때문에 고민하지 않앉던 날이 없을 정도였다. 늘 지옥을 오가는 듯한 힘든 삶이었다.

그 즈음인 1971년에는 둘째 아들을 가졌고, 더 이상 감당이 안 되는 기존의 쌀가게를 정리해 관리가 보다 쉬운 식품 가게를 새로 시작했다. 다행히 쌀가게를 하던 동네에서 방 두 칸짜리 독채 전세를 당시 돈 55만 원에 얻을 수 있었다. 둘째는 그곳에서 출산했다. 물론 둘째 출산 후에도 산후조리를 할 수 없었던 상황은 달라진 것이 없었다. 달라진 것이 있다면 첫째 때는 만삭의 몸으로 쌀한 말을 들어 올렸다면 둘째 때는 식품 가게라 들어 올리는 부담이 조금 줄었다고나 할까. 하지만 출산 후 산후조리를 못해 몸이 망가지는 것보다 나를 더 힘들게 했던 것은 남편의 병이었다.

시험을 가장한 축복

남편은 이미 온갖 병치레로 정신이 흐려졌다. 돈도 안 받고 물건을 파는 일이 허다했다. 이는 고스란히 나의 부담이었다. 자식과 가정에 대한 끝없는 사랑과 책임감이 없었다면 남편의 병듦과 삶의 궁핍함이 주는 고통을 뛰어넘지 못했을 것이고 오늘날 같은 믿음의 가정도 꾸리지 못했을 것이다.

지금 돌이켜보면 그때의 궁핍함과 고통은 하나님께서 주신 시련이고 시험이었지만 또 다른 이름의 축복이었다고 말할 수 있다. 하나님께서는 감당할 수 있는 고난만 주시는 분이기 때문이다. 환란과 고통 속에서도 우리 가정의 구원을 위해 그 모든 것을 계획하시고 주관하셨던 분이 바로 하나님이셨다는 것을 이제야 알게 되었다.

> 사람이 감당할 시험밖에는 너희가 당한 것이 없나니 오직 하나님은 미쁘사 너희가 감당하지 못할 시험 당함을 허락하지 아니하시고 시험 당할 즈음에 또한 피할 길을 내사 너희로 능히 감당하게 하시느니라.
>
> (고린도전서 10장 13절)

물론 그 당시에 그렇게 철없고 무책임했던 남편은 하나님을 만난 후 회개하여 변화된 사람이 되었다. 그 누구보다 내가 하는 주의 일을 전적으로 지지하고 기도해 주는 사람이 되었다. 더 나아가 가족을 위해 새벽 기도를 마다하지 않는 가장 든든한 나의 믿음의 후원자가 되었다. 남편의 회심은 그 자체가 기적이며 하나님의 역사하심이 아니었다면 불가능했을 것이다. 젊은 날, 남편의 방황과 병치레, 무책임함, 그 모든 것들은 우리 가족을 주님 안에 꽉 붙들어 두시기 위해 하나님께서 허락하신 시험이자 시험을 가장한 축복이었던 것이다.

3

불자인 시어머님이 허락한 신앙생활

의료 기술로는 원인도 모르는 위장병과 90도로 굽어버린 허리로 인한 남편의 고통을 치유할 수 없게 되자 시어머님은 아들의 병을 고치기 위해 용하다는 점쟁이를 찾아 다양한 처방을 받아오셨다. 항아리에 쌀을 담아 안방 윗목에 두고 빌었지만 차도가 없자 부적을 문지방마다 붙이고 남편도 지니고 다니게 하셨다. 남편 병을 고치고 싶으셨던 시어머님의 그런 정성은 그 후에도 계속되었지만 남편의 병은 전혀 차도가 없었다. 나 역시 남편 병수발을 위해서 새벽부터 버스를 대여섯 번 갈아타고 3일이 멀다 하고 가리봉동 한약방을 다녔다. 항상 우리 집은 한약 냄새가 진동하여 한약방을 방불케 했다. 지금처럼 자동 약탕기가 없던 터라 직접 약재를 삼베로 짜야 했는데 근 십 년을 지속하다 보니 팔 인대마저 늘어났다. 지금도 오른팔을 잘 쓰지 못하는 것은 바로 그때 다친 인대 때문이다.

친구들 모임에 나가더라도 집안과 남편 걱정으로 친구들 이야기에 집중할 수 없었다. 멍하니 앉아 있는 나를 보고 친구들은 근심 걱정이 얼마나 크기에 그러냐고 놀릴 정도였다. 남편 병을 고치겠다는 발버둥이 강해지면 강해질수록 내 자신은 너무 초라해졌다. 또한, 남편을 대신한 장사로 육체적 피곤함은 이미 견딜 수 있는 도를 넘고 있었다.

내가 예수님을 처음 만난 것은 바로 그 즈음, 즉 1975년 어느날 심신이 다 지쳐 가던 때였다. 그해도 어김없이 시어머님 생신을 맞아 형님들과 시골 둘째 형님 댁에 모였다. 하지만 나는 결혼 후 처음으로 남편 병간호 때문에 시어머님 생신에 참석할 수 없었다. 평소 겁이 많던 남편이 허리가 완전히 구부러져 앉은뱅이 신세가 될지도 모른다며 신세를 한탄하면서 시어머님께 울부짖듯 호소했고, 이를 들으신 시어머님은 내게 오지 말고 병수발이나 잘하라고 말씀하셨다. 모든 수단을 다 써 보았지만 남편 병세에 차도가 없자 시어머님은 당신은 쓰실 수 없는 마지막 남은 한 가지 방법으로 남편의 병을 고치기 위해 결단을 내리셨다.

불심이 깊던 시어머님은 하나님을 믿어서라도 남편 병을 고치라고 내게 권면하셨다. 많이 놀랐지만 한편으로는 하나님을 몰랐던 나로서는 과연 그런다고 뭐가 달라질까 싶었다.

돌아보면 이것은 하나님의 놀라운 계획 중 하나였다. 한평생 하나님을 알지 못하셨던 시어머님 마음을 움직여 내게 주님 만나는 길을 열어 주셨기 때문이다. 사실 이미 그 전에 나는 큰아들이 다니는 승동교회 부설 유치원을 통해 무의식중에 교회란 곳에 첫발을 내딛었고 둘째가 다닌 신당동 광희문교회 부설 유치원에서는 조금 더 나가 자모회를 통해 하나님을 모르던 상태에서 예배에 참석했던 경험도 있었다. 남편이나 시어머님 허락이 없어서 교회에 등록은 하지 않았던 때였다. 그런 상황에서 시어머님이 내게 교회를 허락하셨다.

곧 광희문 감리교회에 정식으로 등록하고 하나님을 알아 가기 시작했다. 그 당시 매주 수요일 저녁 7시 반에 울려 퍼지던 교회의 종소리는 하나님을 알고 싶어 하는 내 마음을 주님께로 달려가게 만드는 복된 소리였다.

그렇게 시작된 하나님과의 만남에서 이상한 경험을 했다. 예배를 드릴 때마다 나의 지친 심신이 평안해지는 것을 느꼈다. 그뿐만 아니라 성경 말씀을 통해서 그동안 혼자 짊어지고 있다고 생각했던 남편 병 치유에 대한 중압감에서도 조금씩 해방되는 느낌이 들었다. 처음으로 하나님이 주신 참된 평안을 맛보았다.

지금도 그 당시 불렀던 찬송가인 '나 같은 죄인 살리신', '주 안에 있는 나에게' 그리고 '내 주의 보혈'을 부르면 마음속 깊은 곳에서 뜨겁게 솟구치는 무언가를 느낀다. '나 같은 죄인'이라는 대목에 목이 메어 왔고 과거에 살아온 삶이 겹쳐지면서 뜨거운 눈물이 하염없이 뺨을 타고 흘러내렸다. 그 눈물은 결혼 후 한 번도 제대로 꿈꿔 보지 못했던 평안과 기쁨의 눈물이었다. 곧 친구를 통해 충현교회로 옮기고 좀 더 체계적으로 하나님을 만나기 시작했다.

3 장

남편 병 치유로 시작된
하나님의 영혼 구원 역사

.1.

치유 받고도 변화되지 못한 남편의 핍박

새롭게 등록한 충현교회의 새 신자 교육을 받으면서 조금씩 예수님 사역에 대해 알게 되었고 내가 죄인이라는 사실도 깨닫게 되었다. 그리고 하나님이 나 같은 죄인을 구원하신 분이라는 것도 알게 되었다. 믿음의 시작은 시어머님의 허락이었지만 하나님과 더 깊은 교제를 하며 나아가는 것은 오로지 나의 몫이었다. 하나님을 알아 갈수록 과거에 하나님을 알지 못했던 시간들이 안타까웠다.

김창인 목사님의 주일 설교 말씀과 구역 예배를 통해서 믿음이 조금씩 자라났다. 구역장은 예수님께서는 죽은 나사로를 살리셨고 중풍 병자도 치료해 주셨다며 남편 치유를 위해 합심해서 기도해 주셨다. 주님에 대해 알게 되면서 나 역시 남편의 질병도 고칠 수 있을 것이라는 믿음이 생겨나기 시작했고 이를 위해 기도했다. 새 신자 교육 시 알게 된 '주 안에 있는 나에게'란 찬송 중 '십자가 밑에 나아가 내 짐을 풀었네'라는 가사에서 남편의 짐을 혼자 끙끙대면서 해결하려고 했던 어리석음을 깨달으면서 그 후에는 남편의 짐을 주님 앞에 내어놓고 기도하니 마음의 부담이 반으로 줄어들고 평안이 찾아오는 것을 느끼게 되었다. 기도만 하면 내 무거운 짐도 줄어들고 평안해지는 경험을 하게 된 것이다.

> 이 말씀을 하시고 큰 소리로 나사로야 나오라 부르시니 죽은 자가 수족을 베로 동인 채로 나오는데 그 얼굴은 수건에 싸였더라. 예수께서 이르시되 풀어 놓아 다니게 하라 하시니라.
>
> (요한복음 11장 43-44절)

병수발로 지쳤지만 허리 한번 제대로 펴지 못하는 남편의 고통에 비하면 아무것도 아니라고 생각하며 그 시간들을 버텼다. 하지만 마음과 몸도 남편처럼 점점 야위어만 갔다. 그나마 연약한 기도와 믿음의 힘으로 간신히 버틸 수 있을 뿐이었다.

아침이면 남편을 지압 받는 곳까지 데려다 주었다가 집에 다시 데려다 주고서 태창 메리야스 사업장에 도착하면 11시였다. 도매

시장 손님들은 이미 줄을 서서 나를 기다리고 있었고 하루하루 나의 부담은 커져만 갔다.

밤에는 허리가 굽은 남편이 10분 간격으로 눕혀 달라고 했다가 다시 일으켜 달라고 하면서 20일간 나마저도 잠을 잘 수 없도록 만들었다. 이런 부담들로 인해 2개월 동안 하루에 저녁 한 끼밖에 먹을 수 없었고, 결국에는 쓰러져 버렸다. 쓰러진 후 3개월 정도는 극도로 지친 나머지 말도 할 수 없었다. 다행히 그 후 큰형님의 극진한 간호 덕분에 몸은 조금씩 회복할 수 있었다.

> 그러나 인자가 세상에서 죄를 사하는 권능이 있는 줄을 너희로 알게 하려 하노라 하시고 중풍 병자에게 말씀하시되 일어나 네 침상을 가지고 집으로 가라 하시니 그가 일어나 집으로 돌아가거늘 무리가 보고 두려워하며 이런 권세를 사람에게 주신 하나님께 영광을 돌리니라.
>
> (마태복음 9장 6-8절)

하지만 영적으로는 밤마다 사탄의 역사에 시달리며 더 어려움을 겪었다. 6개월간 일주일에 한 번씩은 섬뜩한 악동에 몸서리치게 놀라며 잠을 깨야만 했다. 여자 둘이 남편을 가운데 끼고서 칼로 날 죽이겠다며 쫓아다녔다. 꿈 내용을 들은 구역장은 교회를 나오기 시작하니 사탄이 이를 막고자 하는 꿈이라고 하셨다. 그러면서 사탄을 물리칠 비책을 알려주셨다. 처음에는 꿈에 '주여'라는 소리 내기가 익숙하지 않겠지만 기도를 통해 반복하다 보면 꿈에서도 사탄을 물리칠 때 주님의 역사를 체험할 수 있다는 것이다.

"주여! 주여! 예수 이름으로 물러갈지어다."

기도를 통해 연습한 끝에 꿈에서도 자연스럽게 외칠 수 있는 상태가 되었다. 그러던 어느 날 꿈에서 다시 만난 사탄을 이길 수 있었다. 다시는 그런 악몽을 꾸지 않게 되었다. 악몽을 극복하는 과정에서 자연스럽게 더 하나님께 가까이 가게 되었고 주일 예배와 구역 예배도 빠짐없이 참석해 남편을 위해 기도하게 되었다.

그러던 중 놀랍게도 남편의 허리와 평생의 고통이었던 고질적인 위장병이 씻은 듯이 나았다. 처음으로 기도의 위대함을 맛보았다. 나와 목사님, 그리고 교역자들은 물론 구역 식구들의 간절한 중보 기도에 하나님께서 응답하셨다. 현대 의학으로도, 시어머님의 샤머니즘으로도 차도가 없었던 남편의 병들이 합심된 중보 기도로 치유되는 하나님의 기적을 체험한 것이다.

치유된 남편은 병이 나았다는 기쁨으로 충만해 교회에 나가겠다고 약속했다. 하지만 그 약속을 지킨 건 잠시 뿐이었다. 남편은 자신의 병을 고쳐 주신 이가 하나님이라는 사실을 믿지 않았다. 오히려 나는 물론 어린 자녀들도 교회에 나가지 못하게 막았다. 하나님 덕분에 병은 고쳤지만 성령으로 마음이 변화되지 못하니까 건강해진 몸으로 나의 신앙생활을 핍박하기 시작했다. 심지어 남편이 아프던 때보다 나와 자녀들은 영적으로 더욱 고통스러웠다.

남편은 내게 아플 때처럼 잘해주지 않는다고 불평만 늘어놓았고, 집에도 들어오지 않는 날이 수없이 많았다. 하지만 나는 다른 사람들에게 이런 사실을 털어놓지 못했다. 왜냐하면 아버지의 유교적 가르침이 몸에 밴 까닭이었다.

친정아버지는 서울에 올라오실 때마다 우리집에 들러 참을 '인(忍)'자를 장롱에 붙여주고 가셨다. '참을 인(忍)자가 셋이면 살인도 피한다.'며 여자는 참고 사는 게 미덕이고 '어떤 경우든 끝까지 참으면 무슨 일이든 이루지 못할 것이 없다'고 가르치셨다. 난 그 말씀대로 참으면 집안이 평화롭고 조용해질 거라 믿었고 속으로 모든 하고픈 말을 삼키며 살아왔다. 쌓여 가는 답답함은 하나님과 만나는 기도로 풀었다.

그러던 중 1979년 1월에 중구 신당동에서 성동구 화양리 언덕 위, 새로 지은 세림 연립주택으로 이사했다. 가장 먼저 집 주변 교회를 알아보았다. 자그마한 '송정중앙교회'(지금은 '비전교회'로 개칭하였다.)를 어렵지 않게 찾을 수 있었다. 바로 등록하고 당시 담임 목사님이셨던 故 박춘원 목사님의 심방을 받고 이 교회에 뿌리내려야겠다고 생각했다.

한 달 만에 셋째 딸아이를 교회 선교원(유치원)에 입학시켰다. 그것을 계기로 선교원과 교회 활동을 부지런히 하기 시작했다. 교회 직분 중 하나인 권찰 직분을 2년 후에 받을 수 있었다. 처음이었지만 귀한 직분이라고 생각하며 열심히 했다.

과일을 사들고 구역 식구들 가정을 방문했다. 한 사람 한 사람의 영혼들이 잘 성장하는 모습을 보는 것은 내게 큰 기쁨이었고 감사가 넘쳐 났다. 평일에는 구역 심방으로, 주일에는 예배 후 근처 한라병원 전도로 바쁘게 신앙생활을 하였다. 1984년에 화양리에서 30분 정도 떨어진 성동구 중곡동으로 이사를 했지만 교회는 옮기지 않았다. 구역 심방과 한라병원 전도도 멈추지 않았다.

남편은 이런 봉사 활동을 몹시 언짢아했다. 주일이면 건강해진 몸으로 여기저기 놀러가고 싶어 했다. 처음에는 가정의 평화를 지키기 위해 1부 예배만 드린 뒤 남편 요구대로 몇 번 맞춰 주었다. 그러나 곧 이건 아니다 싶어 거절했다. 왜냐하면 하나님 말씀에 순종하려면 주일은 무조건 주의 날로 보내야 하는 것이 너무 당연했기 때문이다. 그때부터 나의 우선순위는 첫 번째가 주일 예배였다.

그러나 그럴수록 남편의 핍박은 더욱 심해졌다. 집 앞에 가까운 교회를 두고 먼 송정동까지 다니느냐는 잔소리는 끝이 없었다. 주일 놀러 나갔다가 술이라도 한 잔 걸치고 온 날이면 남편은 어김없이 나와 자녀들을 힘들게 했다. 그 당시에는 모두 혼자 감당해야 할 일이라 생각하며 참고 눈물로 기도했다.

남편 핍박이 심하던 그때 사탄의 꿈을 다시 꾸기 시작했다. 몇 년에 걸쳐 꾸던 사탄 꿈을 생각하면 지금도 두렵다.

구렁이 한 마리에게 위협 당하는 꿈이었다. 남편과 함께 칼을 들고 쫓아오던 여자들이 나오던 초기 악몽보다 더 끔찍하고 징그럽고 무서웠다. 일주일에 한 번 이상, 거대한 구렁이가 머리를 꼿꼿하게 세우고 나를 노려보는 모습과 이내 입을 벌리며 스멀스멀 내게 소리 없이 기어 들어오는 모습은 지금도 다시 생각하기 싫다.

"예수 그리스도의 이름으로 물러가라."

도무지 이런 꿈을 왜 꾸는지 이해되지 않아 두려웠다. 이상한 것은 구렁이 꿈을 꿀 때마다 남편 핍박이 심해졌다는 것이다. 하지만 용기를 내 구렁이가 꿈에 나올 때 몽둥이로 머리를 내리치며 "예수 이름으로 물러가라" 하고 외쳤더니 5년이 지난 어느 날부터 구렁이는 꿈에 나오지 않았다. 구렁이는 사탄이자 남편의 상징이었다. 그리고 그런 구렁이의 괴롭힘은 남편의 종교적 핍박을 의미했던 것 같다. 남편을 사탄과도 같게 느꼈던 내 마음이 투영된 것인지도 모르겠다. 그래서 나는 사탄을 이기는 힘은 기도뿐이라고 생각했다. 때로는 남편이 너무 무서워서 울면서 기도했고 때로는

49

한숨만 쉴 때도 많았다.

이 같이 여러 날을 하는지라 바울이 심히 괴로워하여 돌이
켜 그 귀신에게 이르되 예수 그리스도의 이름으로 내가 네
게 명하노니 그에게서 나오라 하니 귀신이 즉시 나오니라.

(사도행전 16장 18절)

2

위암 선고 후 들은 하나님 음성

홀로 마음에 새긴 위암 선고

남편을 통한 핍박으로 영혼마저 고통스럽게 지내던 시절, 내가 느끼던 참담한 마음은 결국 신체적 고통과 상처로 나타났다. 다른 사람들에게 털어놓지 못하고 혼자 끙끙대며 속앓이했던 것이 내 속을 숯검정같이 태워 버렸다.

어느 날부턴가 혼자 밥도 제대로 먹지 못하고 기도로만 연명해야 했다. 체중은 40kg으로 급격히 줄었고 한 술만 밥을 먹어도 가슴이 답답해 토해냈다. 이동열 내과 의사는 당장 서울대학병원의 교수를 주치의로 의뢰해 주시고 제대로 검사를 받아야 한다며 '위암'이라고 진단했다. 하늘이 무너지는 충격이었다. 1년 이내 사망 가능성이 매우 높다는 진단이었다. 혼자 그 결과를 듣고 병원을 나와 집으로 돌아가는 길에는 아직도 어리기만 한 삼 남매가 떠올랐다. 눈앞은 점점 흐려져 사물을 구분하지 못할 지경까지 눈물을 쏟으며 집으로 돌아왔다. 하나님은 대체 어쩌시려고 내게 이런 고통을 주시는지 알 수 없었다.

내 위암 선고 사실을 모르던 남편은 여전히 나를 힘들게 했고, 나 역시 그런 남편을 기도만으로 감당하기 버거워져 이렇게 생각하게 되었다.

'아이들 때문에 버텼지만, 더 이상 감당하기 어렵다. 차라리 천국 가면 편하겠지.'

이렇게 생각하니 남편을 포함한 주변 사람들에게 내 병을 털어놓을 필요가 없어졌다. 대학병원에 가서 정밀 검사를 받지도 않았다. 하나님께서 주신 내게 남겨진 귀한 시간들을 잘 정리해야겠다고만 생각했다. 오히려 담담해졌다.

죽기로 결심한 다음이라 집안의 사소한 물건들조차 하나하나 애틋해 보였다. 현관에 놓인 아이들의 흐트러진 운동화 끈 하나마저도 소중했다. 더는 운동화 끈을 묶어주지 못할지도 모른다는 생각에 한참이나 매만져 보았다. 마지막이라는 생각으로 아이들이 덮고 자는 이불에 코를 대자 포근한 살 냄새에 가슴이 미어터질 것 같았다. 고등학교 1학년인 큰아들 교복을 볼 때마다 속은 타들어갔다. 그 아이들 졸업식장에 가지 못할 것을 생각하니 참담했다. 교회도 가지 못하고 가정 예배조차 제대로 드리지 못하고 있었기 때문에 영적으로도 메말라 가고 있었다.

그러나 하나님은 삼 남매를 일으켜 세워서 그런 나에게 기도할 수 있는 자리를 마련해주셨다. 아이들은 성경책을 가져와 내 머리맡에서 나를 위해 가정 예배를 드려주고 기도해주었다. 믿음으로 잘 자라준 모습을 볼수록 눈에 밟혔다.

생명 구원의 선인장 꽃

어느 날 우연히 집 베란다에 키우던 선인장을 보았다. 죽은 듯 놓여 있던 선인장에서 노란 꽃이 피어 있었다. 죽은 듯 보였지만 촘촘한 가시 속에서 곱디고운 꽃을 피워낸 선인장을 보면서 생(生)에 대한 강렬한 소망을 느끼며 가슴이 다시 뛰기 시작했다. 하나님은 나로 하여금 키우던 선인장을 통해 삶에 대한 용기를 다시 갖게 하시고 치유를 위해 하나님께만 매달리게 만드셨다.

'선인장은 수많은 가시 속에서도 꽃을 피우는데 난 지금까지 수많은 고통만 만났지 꽃을 피우기는 고사하고 죽어야만 하는가… 난 다시 살고 싶다.'

그 주 주일, 나는 아이들과 남편을 모아 놓고 내 병명을 이야기하며 서울대학병원에 입원시켜 달라고 요구했다. 죽을 때 죽더라도 정확한 병명을 진단 받고 치료라도 받아 삶에 최선을 다하다가 죽겠다고 했다. 동시에 하나님 앞에 모든 것을 내려놓고 기도하리라 다짐했다. 그 이야기를 들은 아이들도 나를 위해 기도하기 시작했다. 하지만 남편은 큰 시숙과 셋째 시숙의 도움으로 내가 서울대학병원에 입원하던 날조차 함께 있어 주지 않았다. 그날도 어디론가 나갔다가 저녁 늦게야 집에 들어왔고 내가 없다는 사실을 알고는 부랴부랴 형님들에게 물어 밤 10시가 넘어 병원에 찾아왔다.

서울대병원 의사들도 처음에는 내가 암일지도 모르겠다고 조심스럽게 말했다. 자세한 병명은 검사를 통해 알아봐야 한다고 했지만 위암 증상일 가능성이 높다고 했다. 병원에 함께 와주셨던 형님들도 몹시 걱정해 주셨고, 남편도 그때서야 정신이 번쩍 들었던지 걱정하기 시작했다.

믿음이 없던 남편은 사태의 심각성을 깨닫고 자신이 잘 모르는 하나님에 대한 기도 대신 시어머님이 하셨던 것처럼 다른 비방을 찾기 위해 물어물어 철학관까지 갔다. 천하의 우리 남편이 나를 위해 철학관까지 갔다고 생각해 보니 그를 아는 나로서는 그 당시 남편의 당황함이 조금은 짐작되었다. 자신의 잘못으로 인해 아내가 죽을지도 모른다는 생각에 덜컥 겁을 먹고 철학관까지 가게 된 것이다.

후에 안 일이지만 남편은 정신이 없어 입원비 50만 원을 담아
둔 종이봉투를 택시에 두고 내린 적도 있다고 했다. 남편은 철학
관에서 장가를 두 번 갈 운명이며 집도 없어 셋방살이를 전전하
고, 먹을 거라고는 밥풀떼기 하나도 없을 가난한 팔자라는 소리를
들었다고 한다. 말도 안 되는 소리라며 집도 있고, 장가도 한 번
갔다고 호통을 쳤다고도 했다. 그랬더니 철학관 선생은 복채도 받
지 않고 아내의 생년월일을 받아본 뒤, 남편을 이렇게 꾸짖었다고
한다.

"당신 아내가 지금 이 자리에 있다면 내가 아내 앞에서 절을 백
번은 했을 것이다. 지금 당신은 아내 덕분에 밥 먹고 사는 거다."

남편은 병원에 와서 큰 시숙들 계신 앞에서 이 이야기를 그대로
전했다. 나를 진찰하던 의사 선생도 남편에게 잘하겠다는 각서를
쓰라고 요구할 정도였다. 남편은 그 자리에서 실제로 각서도 썼다.
물론 남편은 그전에도 나에게 각서를 여러 번 써 주었으나 실제로
그 내용을 지킨 적은 한 번도 없었다.

병원에 입원해 있는 동안 찬송가(찬송가 484장)를 많이 불렀다.
눈물을 흘리며 가슴으로 불렀다. 죽고 나면 남겨질 아이들을 생각
하며 울었고, 그간의 모진 핍박을 생각하며 울었다. 내 죽음으로
차라리 남편이 회개하고 하나님께 나아가기를 기도하고 또 기도했

다. 주사 바늘 하나도 꽂을 수도 없을 만큼 말라서 일주일이란 검사 기간 동안 간호사들도 애를 먹었다.

첫 검사 결과에서는 정확한 원인을 알 수 없었다. 맹물만 마셔도 토하는 지경에 이르렀기에 어느 날 갑자기 죽는다 해도 이상하지 않을 정도였다. 하지만 정신만큼은 아주 온전했다. 죽는 그날까지 기도를 멈출 수 없었기 때문이다. 박호원 목사님과 故 김창국 장로님께서는 매주 심방을 오셔서 생명의 말씀과 기도로 나의 삶에 큰 힘이 되었다.

영혼 살리는 일에 남은 인생을 전념하라

그러던 중 나는 밤새 기도를 드리던 병상에서 하나님의 음성을 들었다. 내 평생 가장 강렬했던 사건이다. 그 사건을 계기로 삶의 전부를 하나님 일을 하는 사람으로 살겠다고 다짐을 하였다. 제발 살려달라는 삶에 대한 집착은 개인적인 사사로운 집착이 아니라 아직 못 다한 주의 일 때문이라고 고백했다. 시작이 반이라는 말도 있는데 하나님께서 시키실 일들을 시작조차 하지 못했기에 아직은 천국에 갈 수 없다고 고백했다. 그렇게 눈물을 흘리며 간절히 기도드리던 한밤중에 하나님의 음성을 선명하게 들을 수 있었다.

"내가 너를 살리리니
이제부터는 영혼 살리는 일에 남은 인생을 전념해라."

그 다음날 그간 병명조차 알 수 없었던 증상이 '신경성'이라는 최종 판정을 받았다. 신경안정제를 먹고 나자 속에 쌓였던 알 수 없는 응어리들이 배 밑으로 꺼지는 느낌을 받았다. 그때부터 미움도 조금씩 삼킬 수 있게 되었다. 속마음을 털어놓지 못하고 가슴 속으로만 삼키다가 속칭 화병을 앓았던 것이다. 점차 기력도 회복하였다. 그리고 다시 일상으로 돌아왔다.

돌이켜 생각해 보니 내 병명이 위암 같은 죽을병이 아니라 신경성 화병으로 바뀐 것은 하나님께서 남편을 주님께 돌아오게 하기 위한 마지막 수단이셨던 것 같다. 버려진 들꽃 같았던 선인장 꽃 한 송이를 통해 내 마음속에서부터 생명 구원의 꽃을 피우도록 희망을 심으셨다. 내 고민의 중심을 남편에서 영혼 구원으로 바꾸어 주셨다. 주님 앞으로 돌아오지 못한 수많은 영혼을 살려 꽃 피우고 열매 맺는 일에 매진하겠다고 다짐했다.

주의 교훈으로 나를 인도하시고 후에는 영광으로 나를 영접하시리니 하늘에서는 주 외에 누가 내게 있으리요 땅에서는 주밖에 내가 사모할 이 없나이다

(시편 73편 24-25절)

3

영혼 구원을 위해 시작된
기도 생활과 하나님의 역사들

모든 사람은 하나님의 백성이다. 따라서 하나님 앞으로 돌아오지 않는 영혼을 볼 때 하나님 역시 마음이 아프실 거다. 하지만 한동안 그 마음이 무엇인지 와 닿지 않아 답답했다. 하나님은 내가 영혼 구원에 대한 소망을 갖기 시작하자 기도 중에 옛 기억들을 들춰내 주셨다. 큰아들과 둘째 아들 어린 시절, 반나절 이상 아들을 잃어버려 미친 듯이 찾아다닌 끔찍한 경험이었다. 그 후 잃어버린 영혼에 대한 하나님의 아픔이 얼마나 클 것인가 하는 마음이 가슴 깊이 와 닿기 시작했다.

큰아들 4살 때, 셋째 형님이 약수동 새 집으로 이사 가던 날,

이사를 돕기 위해서 나섰다가 큰아들을 잃어버렸다. 형님 댁 근처 슈퍼마켓에서 과자를 산다고 나간 아이를 잃어버려 반나절 이상 근처를 찾아 헤맸으나 찾을 수 없었다. 집으로 돌아와 보니 큰아들은 그곳에서 우리가 살던 동대문 운동장까지 더듬더듬 4시간을 걸어와 있었다. 그리고 둘째 아들은 세 살 때 아침 7시에 출근하는 남편을 뒤따라 나간 것을 모르고 찾아 헤맸던 적이 있다. 결국 청계천 교통순경에게 발견되어 경찰서 연락을 받고 찾을 수 있었다. 자식을 잃어버렸다고 생각하자 내 아이 외에는 눈에 뵈는 것도 없었고, 비슷한 또래의 아이들만 봐도 우리 아이로 착각하게 되었다. 심장이 멈춰 버리는 기분이었다. 하물며 돌아오지 않는 영혼을 보고 계실 하나님 아버지의 마음이야 오죽 하겠는가.

삶에 대한 희망을 다시 가지고 전도라는 사명도 깨닫게 된 그때부터 공적 사명을 감당하기 위해 새벽 기도를 시작하게 되었다. 하나님이 주신 사명을 감당하기 위해 기도가 절실했기 때문이다. 전도 사명뿐 아니라 교회와 목회자를 위해서 철야 기도를 했다. 더불어 영혼 구원의 축복을 혼자 누리기보다 남편도 함께 느끼게 해주고 싶은 마음에서 남편을 위한 기도도 시작했다. 8개월간의 철야 기도가 시작되었다. 나의 기도는 언제나 한결같았다.

"하나님. 저는 밥을 굶어도 좋습니다. 돈을 벌지 못해도 괜찮습니다. 오직 남편이 예수 그리스도를 영접하게 해주시고 남편 손으로 십일조를 직접 할 수 있게 도와주시옵소서!"

간절함이 하나님께 닿아서 8개월간의 철야 기도가 끝나는 주일 저녁, 가족 모두는 하나님의 역사하심을 보게 되었다. 남편 없이 자녀들과 가정 예배를 드리던 중이었는데 갑자기 남편이 옆에 와서 이렇게 묻는 것이다.

"나도 함께 예배드리면 안 될까?"

자녀들과 내가 그토록 남편이 하나님 만나기를 기도했고, 가족 예배도 함께 드리기를 목놓아 기다렸는데 남편이 스스로 가정 예배의 문을 두드렸던 것이다. 그날 밤 가정 예배를 드리며 우리 온 가족은 함께 부둥켜안고서 눈물을 흘리며 은혜의 예배를 드렸다.

큰아들이 중학교 2학년이던 어느 날, 아빠에게 이야기를 한 번만 들어 달라며 사영리(四靈理) 책자를 읽으며 복음을 전한 적이 있었다. 이때 남편은 아들 때문에 몇 번 교회에 가 주었다. 하지만 잠시뿐이었다. 남편은 그렇게 몇 번이나 주님 앞에 나와 섰지만 다시 본 모습으로 돌아가곤 했다. 그런데 그날, 스스로 하나님의 품으로 돌아온 것이다.

8개월간의 철야 기도를 마치는 날이었다. 아이들도 남편의 회심에 기뻐했고 기쁨으로 충만해 가정 예배를 함께 드릴 수 있었다. 가족의 권유로는 도저히 마음조차 바꾸지 못했던 나약한 남편을 때가 되니 굳건한 믿음으로 채워 주시고 스스로 주님 앞에 나오게 해주셨다.

남편이 주님 앞에 돌아오니 우리 가족의 삶이 바뀌었다. 핍박하던 남편이 가정을 위해 솔선수범해 도와주기 시작했고 내 전도 활동을 방해하는 사람에서 지지해 주는 후원자가 되었다. 그 후에는 남편도 교회 일에 적극 참여했다.

남편의 병이 아니었다면 우리 가족이 어떻게 구원을 받을 수 있었을까 하는 생각마저 들었다. 남편은 여러 가지 병을 앓았지만 그 또한 하나님의 계획하심 아래 놓여 있었던 것이다. 남편의 병을 통해 불자이신 시어머님께서 교회를 권면해 주셨고 하나님을 만나기 시작했으며 핍박을 통해 철야 기도를 하게 되었다. 지금까지 하나님 섬기는 일을 36년 넘게 해낼 수 있었던 것도 주님의 계획하심 아래 당한 어려움이 있었기 때문이다. 모든 것을 감사함으로 받으니 감사하지 않은 것은 하나도 없었다.

하나님께서 지으신 모든 것이 선하매 감사함으로 받으면 버릴 것이 없나니

(디모데전서 4장 4절)

하나님은 '남자는 하늘이라며, 하늘인 남자는 부엌에 들어가서도, 부엌일을 해서도 안 된다.'고 생각했던 전형적인 가부장적 남편

을 회개시키시고 돌이키게 하사 마당 청소는 물론 부엌일까지 적극적으로 도와주는 사람으로 변화시키셨다. 안수 집사 직분을 받기까지 정말 멀고 험난한 길이 있었으나 하나님은 당신의 계획하심 아래에 놓고 남편이 정금 같아질 때까지 참고 기다리셨다.

이스라엘 백성들이 가나안까지 열하루 길에 불과한 광야 길을 40년 가까이 헤매면서 노예 시절의 때를 벗고 정금 같아질 때까지 시련을 허락하셨던 것처럼 말이다. 이 모든 것이 전적으로 하나님의 은혜이며, 하나님께만 영광을 돌려 드리는 것 외에는 내가 할 수 있는 것은 없다.

\ / \

4 장

구원 받은 자의 의무인
기도의 힘

기도의 틀을 공적 기도로 바꾸신 하나님

하나님이 살아계시고 임재하신다고 믿는 것은 나는 물론 남편과 자녀들에게 행하신 하나님의 역사를 통해서다. 살아계신 하나님은 2000년 전이나 지금이나 동일하게 역사하고 계신다. 어려운 문제로 골몰하며 하나님께 나가 부르짖고 기도하는 자에게 지혜를 주셔서 어려움 앞에 좌절하기보다 하나님만 보며 나아가기를 원하시는 분이라는 것도 알게 되었다.

자녀들이 분가해 해외나 지방에 근무하다 보니 이제는 온 가족이 모두 모여서 가족 예배를 드리는 일은 쉽지 않다. 하지만 각자의 가정에서 가정 예배를 드리고 있다. 기도는 물리적인 거리를 극복해 주는 수단이자 가족에게 없어서는 안 되는 중요한 소통의 도구다. 아침에 눈을 뜨면 기도로 시작하고 책상에 앉아서도 말씀과 기도로 먼저 예배드리는 가정이 되도록 기도했다.

요즘처럼 테러가 많이 일어나는 시기에는 더욱 더 기도의 힘이 크다. 타국에 자식을 보낸 부모 심정은 매 끼니를 잘 챙기고 있는지부터 안전사고 없이 무탈하게 지내는지까지 모든 것이 걱정투성이다. 하지만 땅에서나 길에서나, 공중에서나 어디서나 하나님이 불꽃같은 눈동자로 지켜 주신다고 믿는다. 매 순간마다 간섭하시고 주님의 통치 속에 살아갈 수 있도록 해주신다고 믿는다. 이것은 기도만이 줄 수 있는 은혜다. 내가 짊어져야 하는 근심과 걱정을 하나님께 고백하고 맡기는 과정이 은혜인 것이다.

큰아들이 프랑스에 가서 일하게 된 해인 2015년 11월에 사망이 130명 이상이고 부상자만 300명이 넘는 큰 테러가 있었다. 너무나 놀라고 걱정되어 하나님께 기도 후 큰며느리에게 전화했다. 다행히 가족 모두 집에 있고 남편도 피곤하다며 일찍 잠이 들었다고 한다. 테러는 큰아들이 일찍 자던 시간에 일어났다고 한다. 나는 매 순간 하나님의 도우심을 느낄 수 있었다.

기도의 위대한 힘은 그전부터 이미 여러 번 경험할 수 있었다. 암 선고를 받고 입원한 집사님이 한 분 계셨다. 심방에 동행한 김 집사님이 나에게 '집사님께서 오래 못 살겠죠?' 하고 물어보시기에 나도 모르게 이렇게 대답했다.

"아니에요, 교회에서 큰일을 하실 분인데 분명 건강하게 나으실 겁니다."

나도 무슨 근거로 기대하기 어려운 말을 내뱉었는지 알 수 없었다. 하나님께 이유를 묻기 위해 그 길로 40일 철야 기도를 시작했다. 주님께서 내 입술을 통해 병이 완쾌될 거라 말하게 하셨으니 책임지시라며 간절히 기도했다.

> 아무것도 염려하지 말고 오직 모든 일에 기도와 간구로, 너희 구할 것을 감사함으로 하나님께 아뢰라.
>
> (빌립보서 4장 6절)

결국, 하나님은 무심코 내뱉었을지도 모르는 내 말과 그 말에 대한 기도에 응답하셨다. 지금 집사님은 장로님이 되어 건강하게 교회에서 열심히 일하고 계신다.

또 한 번은 늦은 밤 퇴근하다가 괴한에게 맞아 쓰러진 집사님이 있었다. 아침에야 겨우 발견되어 대학병원 중환자실에 입원하셨다. 함께 심방을 간 김 집사님은 이번에도 사고를 당한 집사님의 상태를 걱정하며 나에게 물어보셨다. 하지만 내 대답은 다르지 않았다.

"하나님이 치료해 주셔서 일꾼으로 쓰실 것입니다."

중환자실로 옮겨진 상황이라 당장은 의사들도 건강 상태를 확신하기 어려운 상황이었다. 어찌하여 또 다시 내 입술로 그토록 강하게 괜찮아질 거라고 확답을 했는지 모르겠다. 그래서 그 길로 다시 하나님의 응답을 구하기 위해 눈물의 40일 철야 기도에 집중하기 시작했다. 매일 집사님을 위해 하나님께 부르짖으며 기도했다. 담임 목사님과 모든 성도들이 집사님의 쾌유를 위해 기도했고, 결국은 완전히 회복될 수 있었다. 현재 집사님은 교회의 일꾼인 안수 집사가 되어 열심히 봉사하고 계신다. 두 분을 통해서 기도의 위대한 역사를 체험할 수 있었다.

귀신 들린 사람, 마귀들과 싸울지라

주님께서는 열두 제자를 전도에 내보내실 때, 귀신 쫓는 능력과 병 고치는 능력을 주셨다. 전도에 나서는 지금의 우리도 마찬가지다. 하지만 우리가 그처럼 귀신을 쫓아내기는 쉽지 않다.

10년 전 일이다. 등록은 했지만 교회에 통 나오지 않는 새 신자가 있었다. 귀신 들려 일도 못하는 성도라고 했다. 부목사님이 내게 만나 보라고 하셨다. 귀신 쫓아내는 건 아무나 하는 일이 아니라 자신 없었지만 성도님을 위해서 일주일 철야 기도를 드린 후 그분과 만났다. 하나님은 성도님을 만나 악한 사탄에 위협받지 않도록 힘과 능력을 주셨다. 한 시간가량 이야기를 들어주었는데, 평생 살아오면서 직장도 제대로 다니지 못하고 장사를 해도 일주일을 못 가는 것은 전부 귀신 탓이라고 말했다. 그래서 나는 일주일에 세 번 이상 나를 만나 주일 예배, 수요 예배, 벧엘 밤 철야 예배를 함께 참석하면 귀신 쫓아내는 일을 도와주겠다고 했다. 성도님도 간절했던지 생전 처음 하는 수요 예배, 벧엘 밤 철야 등에 대한 약속을 했다.

일주일에 세 번 성도님과 만나며 찬송가 348장 '마귀들과 싸울지라'를 불렀다. 찬송을 처음 부를 때는 이상한 행동을 반복했지만 자꾸 부를수록 그런 행동은 사라졌다. 차차 차분히 말씀을 읽고 예배를 드릴 수 있게 되었다. 성도님도 예배를 드린 뒤 마음이 편안하고 기뻐진다고 했다.

성도님 얼굴 표정이 전과 달리 점점 밝아지는 게 한눈에 보였다. 그러던 어느 날 갑자기 예배에 나타나지 않게 되었고 연락도 끊어지게 되었다. 그러다 한 주 후에 교회 근처에서 성도님을 겨우 만날 수 있었는데 눈앞에서 손에 들고 있던 보따리를 감추더니 나중에 연락하겠다며 반대 방향으로 뛰어갔다. 그 후 연락이 안 되어 3일 후 박 전도사님과 심방을 갔다. 심방 예배를 드리기 전 성도님은 자신의 눈에 귀신이 보인다며 방마다 열어 보여주었다.

그날 황급히 숨겼던 보따리에는 술이 들어 있었던 것이다. 술만 마시면 밤낮, 이틀을 내리 자고 일어난다고 했다. 배고픔도, 화장실 가는 것조차 잊어버릴 정도로 술에 빠져 지냈다고 한다. 나는 몹시 속상하고 안타까워 그 뒤로도 두 달 더 성도님을 위한 만남을 이어갔고 그 영혼을 위해 하나님께 철야 기도를 했다. 그 결과 성도님은 마음에 안정을 찾고 처음으로 식당도 무탈하게 2년이나 운영하실 수 있었다.

귀신이 집안과 마음에서 떠나간 뒤에는 신기하게도 모든 일이 잘 풀린다고 했던 성도님의 밝은 얼굴을 떠올리면 지금도 마음 한편이 벅차오른다. 하나님은 성도님의 행복한 표정을 보여주시기 위해 세 달 남짓한 시간을 함께하라고 하셨다. 그 이후로 성도님은 장사를 잘하셨다. 더 이상 귀신으로 인해 고통 받지 않기에 어디 가더라도 하나님 축복이 함께할 것이다.

공적 기도의 시작

부산 벡스코 센터에서 제자 훈련을 위한 '두 날개 컨퍼런스'가 열렸을 때 이미 내 나이는 예순이 넘었다. 매일 저녁 11시가 다된 시간에 훈련이 끝났다. 고된 훈련을 마치고 기쁨에 겨워 목사님과 함께한 일행 모두가 부산 해운대 밤하늘 아래서 모래사장을 달렸던 기억이 있다. 달리면서도 훈련 기간에 뜨겁게 타올랐던 기도의 역사를 잊을 수가 없었다. 한 번 불이 붙은 장작불이 쉽게 꺼지지 않고 계속 타오르는 것처럼 우리는 훈련을 마치고 돌아와서도 계속 뜨겁게 기도했다.

담임 목사님은 훈련 기간 중에 붙은 기도의 불을 살리기 위해 나에게 강대상 기도를 시작하라고 말씀하셨다. 그날부터 다섯 명을 데리고 강대상 기도를 시작했다. 그 후로 담임 목사님은 기도의 불을 이어가기 위해 '릴레이 금식 기도'와 '나라와 교회를 위한 공적 기도'는 물론 개인을 위한 '천일 기도' 등을 새롭게 도입하셨다. 기도가 끊어지지 않는 교회가 되도록 노력하셨다. 그 후로 비전교회에 기도의 등불이 꺼진 적이 없었던 것은 바로 담임 채이석 목사님의 그런 목회 비전이 있었기 때문이다. 교회가 성령의 불길로 타오를 수 있게 된 배경이 되었다.

지금으로부터 15년 전 담임 목사님은 예배 중심의 교회를 위해서는 주일 예배를 위한 '도고 기도'가 절실히 필요하다고 말씀하셨다. 그래서 도고 기도에 참여할 성도를 모집하셨지간 두 달이 지나도록 딱 한 사람만 이름을 썼을 뿐, 어느 누구도 참여할 의사를 표시하지 않아 난감해 하셨다. 이러한 상황을 지켜브던 나에게 주님은 철야 기도를 통해 지혜와 힘을 주셨다. 나는 용기를 내어 목사님께 나아가 시무 권사들 중심으로 도고 기도를 시작해 봄은 어떨지 여쭈었다. 목사님은 기쁨으로 허락하셨고, 그 뒤 나는 5인을 한 조로 편성하여 시무 권사들을 중심으로 총 50명의 대원을 모집했다. 처음엔 얼마나 참석할까 걱정하는 마음도 내심 있었지만, 주님만 믿으며 주일 2부와 3부 예배를 돕는 도고 기도를 시작하게 하셨다. 바쁜 일상 가운데에서도 50명 대원 모두 불평 없이 순종하여 도고 기도에 참석했고, 참석한 대원들 모두 기도를 통해 예배의 중요성을 절실히 깨닫게 되었다.

기도의 역사는 내가 맡았던 분당 지역 구역 예배를 통해서도 많이 일어났다.

첫 번째는 경기도 시골에 집을 가지고 계셨지만 오랫동안 관리하지 못해 그 집에 살던 사람에게 권리를 넘겨야 할 위기를 겪고 계셨던 돌아가신 조 권사님 일화다.

권사님은 동네 통장과 면장을 두 번이나 찾아갔지만 집을 되찾는 건 어렵다는 말을 들으시고 사실상 포기한 상태셨다. 마침 구역 예배를 드리러 분당을 가던 날이었는데 조 권사님은 통장과 면장을 마지막으로 만나기 위해 구역 예배를 참석하지 못하겠다고 하셨다. 그래서 나는 이렇게 권면했다.

"권사님, 하나님 앞에 예배드리고 구역이 합심해서 기도하면 하나님이 역사하실 것입니다. 면담을 오후로 연기하고 먼저 예배를 드립시다."

조 권사님도 동의해 주셔서 권사님 댁에서 구역 예배를 드렸다. 주님이 친히 오셔서 통장과 면장의 마음을 붙잡아 주사 집을 되찾게 해 달라고 합심해 기도했다. 구역 예배를 마치고 돌아갔다가 오후 4시가 넘어서 조 권사님께 전화를 받았다. 완강하게 반대했던 통장과 면장이 갑자기 입장을 바꿔 집 찾는 것을 도와주겠다고 했다는 것이다. 나는 "할렐루야! 주님이 하셨습니다."라고 감사의 기도를 드렸다.

두 번째 일화는 억울하게 세금이 너무 많이 고지된 구역 노 집
사님과 관련된 것이다. 전화를 했을 때 노 집사님은 세금 문제로
구역 예배 대신 세무서 직원을 만나러 가야 한다고 말했다. 나는
이번에도 분명히 권면을 했다. 오늘 노 집사님 댁에서 예배를 드리
는데 구역 예배를 먼저 드리고 합심으로 기도하면 주님께서 집사
님의 필요한 것을 인도하실 거라고 말이다. 익히 우리 구역에서 이
루어지고 있던 합심 기도의 능력을 알고 있던 집사님은 나의 권면
에 순종했다. 놀랍게도 며칠 뒤, 세무사 마음이 바귀어 과세 증명
서에 나온 금액보다 훨씬 적은 3분의 1만 납부하면 된다는 답변을
들었다고 한다.

마지막은 부평 구역을 맡았을 때 그곳에 살던 집사님 딸이 갑상
선암으로 고생했지만 구역 예배 때마다 합심하여 기도한 결과 암
이 깨끗하게 치유되는 역사를 경험한 것이다. 이때 함께 합심 기도
한 박 목사님과 성도들은 나와 함께 중보 기도의 위대함을 경험할
수 있었다.

주의 일을 하면서, 기도를 통해 인간이 할 수 없는 역사들이 일
어나는 모습들을 보면서 나 역시 기도의 위대함에 겸손해지게 되
었다. 그리고 하나님이 하시도록 나를 내려놓게 되었다.

돌아보면 기쁘고 즐거운 순간보다 어려운 순간들이 더 많았다.

하지만 그 순간마다 하나님은 기도로 연단하셨다. 하나님께 순종해야 하는 일을 맡게 되면 철야 기도부터 시작하는 나의 습관도 이때 만들어졌다. 순종이 제사보다 낫다는 성경 말씀을 마음에 새기면서 기도했던 순간들을 생각하니 마음이 저려 온다. 기도 외에는 한 발자국도 앞으로 나아갈 수 없는 것이다.

네가 부를 때에는 나 여호와가 응답하겠고 네가 부르짖을 때에는 내가 여기 있다 하리라.

(이사야 58장 9절)

Box 1

나만의 기도 원리

기도는 하나님의 역사하심이다. 철야 기도는 내가 한 것이 아니그 하나님이 할 수 있게 도와주신 것이다. 그래서 힘들지 않았고, 오히려 기도를 통한 기적을 맛볼 수 있었다. 간절한 기도를 통해 문제가 해결되는 것을 목도할 수 있다면 그것보다 더 큰 축복이 있겠는가. 아래 원리는 내가 주님 앞에 기도로 간구하기 전에 다시 한 번 점검해보는 나만의 원리들이다.

● 첫째, 내가 먼저 변화되기를 회계하며 겸손한 마음으로 기도한다.

처음 예수님을 믿었을 때는 욕심도 많고 시기 질투도 있어서, 빨리 남편 병을 치료하고 돈을 많이 벌어 잘살고 싶은 마음으로 가득했다. 하지만 내가 변화되지 않은 상태에서는 어떤 기도도 하나님이 응답하지 않으셨다. 주님의 마음을 조금이라도 닮아 가는, 그리고 주님 발 앞에 엎드리는 자세로 기도의 자리에 나가야 한다. 하나님을 나의 구주로 진심으로 믿어야 응답이 있다. 내가 먼저 변화 받고 주의 심장을 가지고 기도해야 비로소 주님은 우리의 기도를 들어주신다.

● 둘째, 사랑으로 기도한다.

주님이 원수도 사랑하라고 하셨으므로 겉옷이 필요한 사람에게 속옷까지 내어줄 수 있는 사랑의 마음을 가져야 한다. 타인에 대한 증오와 미움으로 가득 찬 상태에서 드려진 기도는 응답하지 않으신다.

마음을 열어야 한다. 원수라 할지라도 미워해서는 안 된다. 화가 나는 일이 있다면 스스로를 먼저 다스려야 한다. 미움도 사랑으로 바꿀 수 있는 마음을 달라고 간절히 기도해야 한다.

자녀들을 보면 가끔 직장 생활 중에 자신을 핍박하는 상사를 만나는 경우를 보게 된다. 나는 그때마다 그 상사가 잘되기를 진심으로 기도하라고 조언해 준다. 상사를 긍휼히 여겨 달라고 기도하라고 말이다. 그렇게 되면 우리를 핍박하던 상사라도 그에 대한 긍휼한 마음이 새싹처럼 자라나 사랑으로 그를 위해 기도할 수 있게 되기 때문이다.

● 셋째, 나의 욕심을 위해서 기도하지 않는다.

나의 욕심대로 기도하면 하나님의 역사하심을 체험할 수 없다. 오히려 자신의 욕심보다 목회자와 교회, 나라와 민족, 선교, 그리고 내가 맡은 사역과 성도들을 위해서 중보 기도할 때 자신의 부족함과 어려움은 자신도 모르게 치유해 주신다. 질병이나 물질적 고난을 겪어 힘들어하는 다른 성도를 위한 기도를 할 때도, 주님의 심정으로 그 사람을 긍휼히 사랑하는 마음으로 눈물로 기도해야 한다. 그러면 주님은 기도에 응답하시고 병을 치료하시며 홍해를 가르시면서 고난과 역경도 헤쳐가게 도와주신다.

2

기도의 협력자, 일곱 분의 목사님들

중곡동에 살 때 몸이 너무 아파 염소를 사러 경기도 대전리에 있는 염소 농장에 간 적이 있었는데 마침 근처에 사는 사촌 동생 집에서 하룻밤을 자고 왔다. 그날 사촌 동생은 자신이 다니는 교회에 부흥 집회가 있다며 함께 참석하자고 했다. 거기서 당시 전도사였던 허 목사님을 처음 만났다. 염소를 사고 난 뒤라 수중에 남은 돈은 불과 2만 원뿐이었지만 전부 감사 헌금으로 내고 사촌 동생 집으로 왔다.

그런데 어떻게 아셨는지 허 목사님이 감사하다는 전화를 주셨다. 집회 중에 너무 추웠던 것이 자꾸 마음에 걸려 목사님과 통화 중에 교회 난방을 위한 난로를 마련해 드리겠다고 약속했던 것이 허 목사님과의 첫 인연이 되었다.

목사님은 총신대 신학대학에 다니기 시작한 지 3년 후 마천동에 개척 교회를 세우셨다. 그 교회의 어려움을 알기에 무엇이라도 협력해 드려야 한다고 생각하며 기도하던 끝에 목사님 말씀이 성도들에게 잘 들려야 한다는 생각에 앰프 시설을 설치해 드린 적도 있다.

목사님은 2년 만에 70명까지 교회를 부흥시키신 뒤 3년 만에 캐나다로 유학을 가셨다. 밑천도 없이 무작정 캐나다로 유학을 가셔서 급하게 선교 헌금을 드린 적도 있다. 하지만 IMF 경제 위기가 터지면서 목사님 사모님은 목사님 학비가 부족해 한국으로 귀국하셨다.

그 당시 나는 5인 가족이 30~40만 원으로 생활을 유지하던 상황이었고, 이러한 형편에서 더 이상 목사님께 도움을 드릴 수가 없었다. 또한 둘째 아들도 집안 형편 문제로 대학원을 포기하고 막 회사에 취업했던 때였기 때문이다. 그런데 그 와중에 둘째 아들은 작은 돈이라도 목사님께 선교 헌금을 드리고 싶다고 했다. 그런 아들의 마음을 보며 나 또한 조금이라도 보태어 선교 헌금을 드려야겠다고 마음을 먹게 되었다. 비록 작은 돈이었지만 IMF 경제 위기라는 어려움 속에서 목사님에게 도움을 드릴 수 있게 되어 정말 다행이었다. 무엇보다 둘째 아들의 용기와 믿음을 하나님께 감사드렸다. 그렇게 30년 넘게 이어진 인연으로 목사님과 우리는 서로의 가정과 교회를 위해 협력하는 기도의 동역자요, 후원자로 지내고 있다.

또 한 분의 잊을 수 없는 인연은 비전교회 중등부에서 교사로 봉사할 때 만난 백창곤 목사님이다. 그분을 알고 10년쯤 뒤에 갑자기 위암으로 병원에 입원하셨는데 의사들도 포기하라고 말하는 상태였다. 죽음의 길 한가운데서 목사님은 성서요법으로 치료를 시도하기로 결정하셨다. 나는 목사님을 위해 눈물의 50일 철야 기도를 시작했다.

"딸 하나, 아들 셋인 목회자입니다. 불쌍히 여기소서. 자녀들이 자라 목회 사역을 이어갈 수 있을 때까지라도 살려 주십시오. 지금 돌아가시면 사모님과 아이들은 어떻게 합니까."

그렇게 철야 기도가 끝나갈 무렵 신기한 이야기를 들었다. 목사님의 암 덩어리가 수술도 하지 않고 깨끗하게 흔적도 없이 사라졌다는 것이다. 사모님의 눈물 젖은 기도와 많은 목회자들, 그리고 우리의 중보 기도를 들으신 하나님의 역사가 아닐 수 없다.

목사님은 현재 한반도 복음화와 세계 복음화를 위해 강원도 태백 지역 교회에서 시무하고 계신다. 아이들 역시 그때 기도한 대로 선교사로 하나님의 말씀과 복음을 전하는데 앞장서고 있다. 목사님을 만날 때마다 목사님은 항상 여러 가지로 어려운 상황에 계실 때가 많았다. 그때마다 목사님은 기도 중에 오순희 권사에게 찾아가라는 주님의 음성을 듣고 내게 왔다고 하셨다. 나의 협력은 작게나마 그렇게 시작되었다. 목사님에게 임한 어려움을 서로 나누는 협력자로 하나님께 쓰임 받는다는 것 또한 하나님의 은혜고 역사하심이다.

그렇게 인연을 맺게 된 일곱 분의 목사님들과 나는 물론 자녀들까지 선교 후원이라는 이름으로 영적 연결 고리를 이어가고 있다.

중등부에 있을 때 당시 고등부 전도사님이었던 최기행 목사님은 경기도 광주에 있는 아름다운 교회를 담임하고 계시는 목자다. 현재 큰아들네 둘째 손자가 선교 후원을 하고 있는 곳이다. 물론 큰아들네 첫째 손자도 캄보디아 비전영홍교회를 후원하고 있다. 그리고 좋은소식교회의 또 다른 허 목사님은 둘째 아들네 큰손자가 후원 중이고, 서현교회 고 목사님은 막내딸네 외손녀가 후원 중이다.

사실 어린 손자들과 외손녀가 아직은 자신들이 누구를 후원하는지도 모를 수 있다. 하지만 나중에 커서 자신들의 이름으로 후원된 선교 통장을 보면 할머니의 선교에 대한 믿음을 이해하고 이어갈 수 있을 것이라고 믿고 있다.

그 외에도 국내 선교 활동을 왕성하게 할 무렵 만난 대전의 유 목사님도 계신다. 지금은 전남병원 원목으로 시무하시는데 초기에는 병원 환자들을 전도할 야쿠르트 비용조차 없을 때 인연이 되어 후원을 하고 있다. 지금은 둘째 아들과 막내딸이 후원을 이어가고 있다. 목사님은 전도한 환자들이 퇴원할 때 인근 교회로 소개하여 주변 교회를 부흥시키는 협력 선교도 하고 계셨다.

그리고 우리 교회에 시무하시던 주 전도사님의 남편이신 송길용 목사님이 계신다. 전라북도 고창에 있는, 성도가 10명도 안 되는 교회를 맡아 지금은 크게 부흥시키신 분이다. 그곳으로 여러 차례 전도를 가면서 인연을 이어가게 되었다.

일곱 분의 목사님은 하나님께서 내게 기도로 붙여 주신 귀한 분들이다. 우리 가정 믿음의 1세대인 나는, 다른 사람들의 어려움을 위해서는 기도해 주었지만 정작 내 어려움 앞에서 나를 위해 기도해 줄 분들이 필요했다. 그분들은 내게 기도의 위로자가 되어 주셨고, 영적으로 큰 힘이 되어 주신 분들이다. 하나님께서 나에게 붙여 주신 일곱 분의 선한 목회자분들은 평생 기도의 협력자로 나아갈 것이다.

.3.

절망 속에서도 계속된 기도

불행은 언제나 예고 없이 찾아오는 것 같다. 그날은 마침 비전교회의 담임 목사님과 교역자들이 모두 참석하는 워크숍이 있어 교회가 텅 비는 날이었다. 나는 강대상 기도 인도를 위해 교회에 남아 있었다. 밤 9시에 시작해 10시에 기도를 마치고, 가정 상담을 부탁하셨던 어느 집사님과 이야기를 나누고 11시쯤 교회를 한 바퀴 돌아본 뒤에 차를 타고 집으로 돌아왔다. 막 현관문을 열고 집에 들어서는 순간, 상담을 받았던 집사님에게서 갑자기 전화가 왔다.

"권사님, 큰일 났어요. 교회에 불이 났어요!"

처음에는 잘못 들은 줄 알고 집사님에게 그게 무슨 소리냐고 다시 물었다. 집사님은 교회에 큰 불이 났다고 울며 말했다. 그 순간 다리가 후들거려 제대로 걸을 수도 없었다. 운전대를 잡을 힘도 없어 자고 있던 둘째 아들을 깨워 교회로 가자고 했고, 자던 남편도 놀라 달려 나와 함께 차를 몰고 달려갔다. 가면서 교회 옆집들까지는 아무 일도 없게 해 달라고 얼마나 기도했는지 모른다. 하지만 멀리서도 붉게 타오르는 화마를 확인할 수 있었다. 심장이 멎을 정도로 고통스러움을 느꼈다. 더 큰 걱정은 우리 교회와 다닥다닥 붙어 있는 옆 건물들이었다. 불씨라도 잘못 튀어 옆 건물로 옮겨 붙는다면 2차, 3차 피해까지 날 수 있는 상황이었다. 하지만 다행히 불길은 오직 교회 위로만 치솟고 있었다. 교회 주위는 소방차로 가득 차 진압 중에 있었지만 이미 본당은 무너져 내리고 있었다.

눈에서는 눈물이 쉴 새 없이 쏟아졌다. 소방차가 불을 끄고 있었지만 불길은 쉽게 사그라지지 않았다. 다행인 것은 오로지 위로만 불길이 치솟아 옆 건물까지 피해를 주지 않았다는 것뿐이었다. 교회의 종탑 역시 쓰러지면서 옆 건물에 피해를 주지 않고 안쪽으로 쓰러졌다. 불은 교회 지하실만 남겨두고 전부 다 태워버렸다. 지하 기도실은 들어갈 수 있었으나, 예배를 드릴 수 있는 상황은 아니었다. 그 뒤로 송원 초등학교 강당에서 추위에 떨며 세 달 동안 임시로 예배를 드리게 되었다.

화마에 휩싸인 교회를 보며 겪은 아픔을 통해 성도들이 더욱 굳게 믿음으로 뭉치게 되었고 예배당도 다시 복원할 수 있었다. 열다섯 분의 장로님들은 일사불란하게 담임 목사님을 도와 화재 수습과 임시 교회 장소 물색을 도왔다. 화마로 인해 교회가 분열되기보다는 오히려 모든 성도들이 한마음 한뜻으로 합심해 더 뜨겁게 기도하며 수습해 나갈 수 있게 되었다. 이 또한 전적으로 하나님의 도우심이다.

.4.

움직이는 기도실, 애마 엘란트라

나의 영적 아버지였던, 고인이 되신 김 장로님이 구역장이셨을 때, 장로님께서 구역을 옮기며 나에게 대신 구역장을 맡아 달라고 하셨다. 조금 먼 구역 식구들이지만 운전을 배운다면 가능할 것이라고 말씀하셨다. 그 후 장로님 말씀대로 운전면허를 땄고 교회에서 차로 1시간이 넘는 의정부 구역을 맡았다. 새 신자들과 아기 엄마들 7명에 아이들 12명이 구역 식구들이었다. 새 신자인 구역원들에게는 식사 기도부터 가르쳤다. 그때 그 구역원들은 하나둘씩 교육부서나 성가대 등 각자의 재능대로 교회의 훌륭한 일꾼으로 잘 자랐다.

나중에 의정부 구역은 물론 부평 구역까지 맡게 되었다. 먼 거리로 힘들었지만 오가는 길에 봄에는 청와대 뒤쪽의 북악산으로 꽃구경도 다니면서 힘든지 모르고 열심히 봉사했다.

그 당시 나를 태우고 이곳저곳을 누빈 엘란트라는 움직이는 기도실과 마찬가지였다. 전에는 하나님을 만나기 위해 일부러 기도원의 기도실을 찾아야 했지만 어느 새 차 안이 나만의 기도실이 되어 버렸다. 차만 타면 어디로 가더라도 기도가 술술 나왔다. 혼자 차 안에서 간절히 하나님께 큰 소리로 부르짖으며 찬양할 수 있었다. 그렇게 차 안에서 만난 하나님을 통해서 찾아간 구역 식구들과의 예배는 은혜가 넘칠 수밖에 없었다. 그렇게 나의 구역은 분당까지 확대되었다.

5 장

교회 봉사로 시작된
교육 부서 부흥의 역사

.1.

봉사의 적, 교만과 자만

나의 첫 봉사 활동은 1982년에 시작한 심방 권찰이었다. 그로부터 지금까지 36년이 넘는 시간 동안 수많은 봉사 활동을 했다.

성경에는 아침에 온 품꾼이나 저녁에 온 품꾼이나 똑같은 데나리온을 주는 장면이 나온다. 오전에 온 사람 입장에서는 불평이 많을 것이다. 그러나 주인은 자기 품삯만 받으면 된다고 말한다. 주님을 향한 봉사와 사역도 이와 마찬가지일 것 같다. 오늘 막 사역을 시작한 사람이나 10년 전에 사역을 시작한 사람이나 36년 전에 사역을 시작한 사람이나 자신의 몸과 마음을 다해 하나님 보시기에 충분히 헌신하고 충성했다면 같은 축복을 받아야 하는 것이다. 30여 년 전 사역을 시작해서 이제 충분히 주의 일을 했으니 쉬어야겠다고 생각하는 것도 어쩌면 안일한 생각일지 모른다. 늦게 시작한 사람이나 일찍 시작한 사람, 어느 누구에게나 하나님께서는 같은 은혜로 축복을 주시기 때문이다.

지금까지 사역은 내가 아니라 하나님이 나에게 시키시고, 하나님이 하신 것이다. 비방과 불평은 사탄이 역사하고, 겸손과 감사는 하나님께서 역사하신다. 교회를 험담하거나 목회 사역에 불평했다면 교회도 망가지고 자신도 망하게 된다. 첫째도 겸손이며 둘째도 겸손함으로 헌신과 충성을 해야 한다.

내가 아니면 안 된다는 오만한 생각은 봉사의 적이다. 부족한 나를 하나님께서 써 주시기만 해도 감사히 생각해야 한다. 겸손하지 않으면 쓰임 받지 못한다. 나를 낮추고 겸손할 때 쓰임 받는다. 광야로 추방된 애굽의 왕자였던 모세가 하나님의 부름을 받기 위해 나이 80세가 될 때까지 광야에서 양 떼를 치는 목자로 낮아졌다. 젊은 시절의 혈기 방자한 모습을 버리고 자신을 낮추는 경험을 배웠다. 심지어 하나님이 부르실 때는 늙은 자신의 육체로 무엇 하나 제대로 할 수 없다고 생각해 어찌하여 자신을 부르셨냐고 반문하기까지 했다.

주님 앞에 쓰임 받는다는 것은 철저히 그 앞에 무릎을 꿇는 역사가 있어야 한다. 옛 사람에게서 나오는 정욕과 욕심을 다 버리고 나의 힘이 아닌 하나님의 힘으로만 감당할 준비가 되어 있을 때 바로 그때 하나님은 모세를 사용하셨던 것처럼 우리를 사용하신다.

겸손은 교회의 일꾼을 세움에 있어 무엇보다 중요한 요소 중의 하나다. 겨자씨는 씨 중에 가장 작지만 심으면 큰 나무로 자라난다. 아마도 씨앗만 보면 그렇게 크게 자랄 수 있을 거라고 짐작하지 못할 것이다. 겸손한 봉사자를 찾아내고 바로 세우면 그렇게 세워진 한 사람이 바른 일꾼이 되어, 천인(千人)을 감당할 수 있는 큰 나무로 자랄 것이다. 그것이 하나님이 원하시는 봉사 원칙이다.

.2.

교사로 시작한 교육 부서 부흥의 길

물벼락과 몽둥이의 위험, 중등부 교사의 시작

85년 초반부터 전도특공대와 중등부 교사를 통해서 만나게 된 아이들과 그들의 어머니들을 전도하면서 전도에 대한 많은 체험을 하게 되었다. 교사로, 교육부서 부장으로 봉사하는 시간 동안 경험했던 하나님의 역사 역시 기도를 통해 이루어진 것이다. 하나님께서는 전도와 기도, 그리고 교육을 통해서 나에게 많은 은혜와 배움의 시간을 베풀어 주셨다.

그중에서도 중등부 교사로 첫 주일 학교 담임 교사를 맡았을 때의 일이다. 부모님 몰래 교회에 출석하는 아이가 있었는데 어느 날부터인가 주일 예배에 나오지 않았다. 안타까운 마음으로 심방을 갔는데 아이의 아버지가 처음 찾아간 나에게 돌벼락을 끼었었다. 그 다음 주에도 용기를 내어 다시 갔다. 이번에는 아예 몽둥이를 들고 나와서 다시는 찾아오지 말라며 고함을 질렀다. 그 순간 떨리는 심장을 간신히 부여잡고 그 혼란스런 마당에 서서 아이의 영혼을 위해 간절히 기도하기 시작했다. 잠시 후 시끄러웠던 그 공간에 정적이 흘렀고 몽둥이를 들었던 아버지는 조용히 몽둥이를 내어던지며 다시는 찾아오지 말라는 말만 하고서는 집 안으로 들어갔다. 그 광경을 문 뒤에서 몰래 지켜본 아이는 눈물을 흘렸고 나는 그 눈물을 모른 척 할 수 없었다. 눈물은 교회로 이끌어 주실 거라는, 교회로 인도해 달라는 소리 없는 외침이었다.

"하나님은 너를 구원하실 거야. 그분은 길 잃은 영혼을 절대 모른 척하지 않는 분이란다."

그날은 하나님께서 반드시 교회로 이끌어 주실 거라는 눈짓만을 남기고 그 자리를 떠야 했다. 어찌나 마음이 아픈지 한 걸음도 내딛기 힘들었다. 주님은 아흔아홉 마리의 양을 두고도 길 잃은 한 마리 양을 찾아다니시는 분이다. 그날은 내게 바로 그런 마음을 주셨던 것 같다.

너희 중에 어느 사람이 양 일백 마리가 있는데 그 중에 하나를 잃으면 아흔아홉 마리를 들에 두고 그 잃은 것을 찾아내기까지 찾아다니지 아니하느냐.

(누가복음 15장 4절)

바울 사도가 전도 기행 중에 만난 가슴 아픈 일들에 비할 바는 아니지만 나와 그 아이에게는 잊을 수 없는 사건이 되었다. 나는 물론 중등부 반 아이들 모두가 그 아이가 다시 교회에 나올 수 있도록 철야 기도를 했다. 기도의 응답은 바로 오지는 않았지만 몇 달 만에 아이가 처음으로 아버지 허락을 받고 예배에 나올 수 있었다. 아이를 부둥켜안고 눈물을 쏟아 내며 그 자리에서 감사 기도를 드렸다. 간절함의 눈물로 기도했던 일이 결국은 기쁨의 눈물로 드리는 감사가 되는 경험을 한 것이다. 하나님의 역사하심이었다. 병상에 누워 하나님의 음성을 듣게 되었을 때와 같은 감동이 밀려 왔다. 영혼 살리는 일에 대한 소명이 얼마나 중요한 것인지 알게 되었다. 한참 뒤의 일이지만 그 아버지를 위한 기도 끝에 결국 아이의 아버지까지 구원 받는 역사가 일어났다.

아이처럼 순수해야만 천국으로 들어갈 수 있다는 말씀처럼 교사로 지내며 만난 중등부 아이들은 하나님에 대한 사모함과 믿음이 한 점의 티끌도 없는 순수함 자체로 채워져 있었다. 아름다운 마음이 뿌리가 되어 자라나 거대한 믿음의 고목이 되는 광경을 지켜보면서 얼마나 행복했는지 모른다. 중등부 교사로서, 성가대장으로서, 부감으로서의 5년이라는 시간은 참 귀한 시간이었다. 더불어 그 당시에 좋은 울타리가 되어 준 부장님들이셨던 강 장로님과 임 장로님 그리고 김 장로님에게도 이 자리를 빌려 감사드린다.

교육 부서 부장으로 맡은 첫 부서, 유년부

중등부 교사로 지낸지 6년째가 되던 해 담임 목사님은 나를 유년부 부장으로 임명하셨다. 너무 놀라서 목사님이 계신 목양실로 찾아가 교육 부서 부장을 오래한 사람들도 많은데 왜 하필 저 같은 초보에게 어려운 유년 부서 부장을 맡기셨냐며 항의하듯 말씀드렸다. 그러자 담임 박호원 목사님은 이렇게 말씀하셨다.

"권사님은 순종하시는 분이라 사전에 언질 없이 임명했습니다. 일방적으로 임명해서 미안합니다. 유년부가 지금 너무 어렵기 때문에 누구도 쉽지 않을 것이지만 권사님처럼 순종하는 분이라면 반드시 승리하실 거라 믿었기 때문입니다."

그 말씀에 더 이상 항의할 수 없었다. 담임 박 목사님께 순종하겠다고 말씀드리고 기도 부탁을 했다. 곧 바로 40일 작정 철야 기도에 돌입했다. 당시에 유년부는 처음으로 유초등부에서 분리되어 나온 상태라서 예배조차 제대로 드릴 수 없을 정도로 조직은 물론 각종 기반 시설이 갖춰져 있지 못했다. 담당 교육 전도사도 없었고 교사 4명에, 아이들 40명이 전부였다. 성가대 지휘자나 반주자는 당연히 없었다. 부장으로 임명된 바로 다음 주일부터 당장 주일 예배를 드리기 위해 동분서주해야 했다. 예배를 드릴 수 있도록 담당 교육 전도사와 반주자, 지휘자를 보내 달라고 눈물로 기도했다. 하나님은 철야 기도를 시작한 지 5일 만에 그들 모두를 내게 보내 주셨다. 감사한 일이었다.

새로 부임하실 전도사님을 주일에 만났는데 슬리퍼만 신고 계셨고, 예배를 위해 갑자기 구두를 빌려 달라고 하셨다. 관리 집사님인 조 집사님에게 부탁하여 구두를 빌려드렸다. 전도사님이 이삿짐을 가져오면서 신발이 든 봉투를 놓고 오셔서 신발도 없이 예배를 오셨다는 것이다. 한 주 뒤에 이야기를 더 들어 보니 그날 옛집에 가서도 신발 봉투를 찾지 못했다고 한다. 이미 쓰레기로 버려졌기 때문이었다. 그래서 전도사님에게 남편을 위해 준비해 둔 구두 상품권을 드렸다. 그러고 보니 전도사님 사모님 역시 신발이 다 사라졌기에 평소 친분이 있는 김분옥 권사님께 대신 사드리도록 부탁하였다.

또 한 가지 문제는 전도사님이 새 집을 구할 형편이 못 되셨다는 것이다. 그래서 당회 재정위원장께 새 방을 얻어 달라고 부탁드렸다. 위원장은 나에게 보증을 서 주겠냐고 물어보셨고 나는 두말할 것도 없이 당연히 보증을 서겠다고 말씀드렸다. 그렇게 해서 겨우 전도사님 가족이 기거할 집을 구하게 되었다. 하지만 방 상태가 좋지 않았다. 바닥과 벽이 닿는 부분에서 물이 새고 있는 것도 모르고 급하게 방을 얻었다. 전도사님의 세 살배기 아들은 그 방에서 살고부터 한 달이 멀다 하고 병치레를 하게 되었다. 나 역시 물질적으로 힘들 때라 혼자서는 해결할 수 없는 일이어서 언제나 내 사역에 아낌없이 물질적으로 후원해 주고 협력해 주셨던 김 권사님께 도움을 요청했다. 김 권사님은 주님 사역을 하면서 만난 물질적 협력자요, 친자매 같은 동역자이셨다. 주님의 축복이셨다. 하나둘씩 주의 영광으로 완성되어 가는 것을 볼 때마다 찬양과 영광을 하나님께 돌린다.

전도사님도 부임하시고, 임 집사님과 김 집사님 두 내외분이 부감과 반주자로 두말없이 와주셔서 그 다음 주부터 정상적으로 유년부 예배를 드릴 수 있게 되었다. 철야 기도 20일 만에 주일학교 교사도 5명에서 15명으로 채워 주셨다. 그 중 7명은 중등부 교사로 봉사할 때 가르쳤던 아이들이 성장해 교사로 봉사하게 되어서 감사했다. 하지만 교사를 세우고 급한 불을 끄고 보니 아이들이 턱없이 부족한 것을 느끼게 되었다. 나머지 40일 철야 기도 내내 텅 빈 아이들의 빈자리를 보며 이 지역에 방황하는 아이들을 하나님께로 오게 해달라고 눈물로 밤마다 새벽 3시까지 기도를 드렸다. 천으로 만든 방석이 눈물로 다 젖을 때까지 기도를 드리던 중 철야 기도 마지막 날에 환상을 보았는데 다음과 같이 말씀하셨다.

"왜 울고 있느냐? 눈을 들어 사면을 보라. 휘어진 곡식을 가서 추수하라."

마치 천국에 온 것처럼 황홀한 경험이었다. 사면을 보라는 말씀을 듣는 순간 내 눈앞에 많은 아이들이 보이기 시작했다. 다음날 말씀대로 전도를 나갔고 그때까지 눈에 들어오지 않던 골목골목의 아이들이 하나둘씩 보이기 시작했다.

> 눈물을 흘리며 씨를 뿌리는 자는 기쁨으로 거두리로다 울며 씨를 뿌리러 나가는 자는 반드시 기쁨으로 그 곡식 단을 가지고 돌아오리로다.
>
> (시편 126편 5-6절)

장안 초등학교를 중심으로 송정동과 군자동 일대로 전도사님을 위시해 교사 한 명을 데리고 갔는데, 가는 곳곳마다 우리에게 아이들을 붙여 주셨다. 여름성경학교가 끝나는 날 160명이라는 아이들을 맞이할 수 있었다. 5개월 동안 기존 40명의 아이들이 120명의 새로운 아이들을 데려와서 총 160명으로 불어났다. 기도를 통해 120명이라는 새로운 영혼이 하나님 앞으로 돌아왔다. 기대 이상의 아이들이 참석해 여름성경학교 식사를 준비하는 과정도 매우 어려웠다. 하지만 실행 팀장이셨던 석필선 권사님은 기쁜 마음으로 식사를 준비해 주셨다. 참으로 감사했다. 말없이 협력하고 봉사해 주시는 분들의 손길이 없었다면 유년부 부흥은 시작조차 어려웠을 것이다.

놀라운 것은 여름성경학교 후에도 매주 평균 140명은 출석을 유지했다는 것이다. 보통 특별 행사 후에는 원래 인원으로 돌아가는 것이 일반적인데 그것과 비교하면 대단한 성공이었다. 이는 교육 부서 부흥을 위한 공적 기도에 응답하신 하나님의 역사였다. 주님이 하신 일이다. 담임 목사님과 모든 교사들이 합심하여 기도드렸고, 장로님들의 후원과 기도도 끊이지 않았으며, 부엌살림을 맡았던 분들도 적극 협력했기에 어려웠던 유년부가 바로 설 수 있었다.

물이 새는 방에서 사시던 전도사님 또한 1년 만에 그 집을 떠나 1층 집으로 이사를 하게 되었다. 그 뒤로 아이는 아프지 않고 건강하게 잘 자랐다. 또한, 3대째 독실한 불교 집안에서 자랐던 유년부의 한 아이와 어머니가 15명이나 되는 아이들을 전도해온 기적 같은 이야기들이 하나둘 생겨나기 시작했다. 인간이 할 수 없는 그 순간에 하나님이 하시는 것을 목도하고 감사하게 되었다. 주님의 일은 혼자 하는 것이 아니라는 것을 뜨겁게 깨닫는 기회가 되었다.

4개월 만에 16배로 부흥된 영아부

어느덧 유년부가 안정을 찾아가자 새로 부임하신 현 담임 목사님은 내게 더 어려운 부탁을 하셨다. 유년부 부장 1년 만에 영아부 부장으로 다시 발령 내셨다. 하지만 영적인 어려움이 오히려 큰 축복의 길임을 이미 경험했기 때문에 영아부 부장직은 흔쾌히 수락했다. 물론 영아부도 유년부처럼 조직이 불안정했다. 아이가 총 5명, 아이 엄마가 3명, 교사가 3명이었고 그나마도 유치부로 올라가는 아이가 2명이었으니 실제로 남은 아이는 단 3명뿐이었다.

영아부 사정을 잘 아시는 신 집사님은 영아부는 유년부처럼 절대 안 될 거라고, 영아부는 아이들이 아니라 엄마를 설득해야 하는데 이미 많은 엄마들이 영아부에서 상처받고 떠났다고 했다. 신 집사님은 엄마들 마음을 무슨 수로 돌리겠냐며 나를 만류했었다. 하지만 기도 중에 하나님은 아이들이 3명이면 그루터기가 있는 것이니 그루터기가 있다면 못 할 것이 없다는 확신을 주셨다.

나는 기도의 확신을 갖고서 금지원 부감 집사님과 매일같이 6~7 가정을 방문해서 관계 맺기를 시작했고, 동시에 40일 철야 기도를 다시 시작했다. 이번에도 하나님은 40일 철야 기도가 끝나고 놀라운 인원들을 보내 주셨다. 여름성경학교를 할 때까지 4개월 동안 아이와 엄마들이 기존의 5명에서 80명으로 부흥하는 역사가 일어났다. 모든 것은 하나님의 승리였다.

기도의 승리가 있기까지 하나님께 순종하고 기도하는 교사들의 눈물 어린 기도가 있었다. 교사와 엄마들이 그 과정을 함께 경험하면서 하나님의 역사하심을 공유했다. 그들은 누구보다 하나님을 신뢰하게 되었다. 개개인의 사심을 위해 기도할 때는 기도가 좌절되는 일이 많았지만 영혼 살리는 일을 위한 공적 기도를 하고부터는 그때마다 바로바로 채워 주시는 것을 경험한 것이다.

당시에 영아부에는 몸이 아픈 갓 태어난 아이가 있었다. 병명조차 모른 상태로 아이의 아픔은 계속되었다. 병원에서는 6개월이 지나야 정확한 진단이 가능할 것이라고 했다. 아이를 심방하던 중 울고만 있던 아이 엄마는 나에게 아이를 어떻게 키워야 할지 물어보았고 나는 담대하게 주님 안에서 아이를 키우라며 용기를 주었다. 그리고 하나님은 아이 건강을 완전하게 치유해 주실 것이라고 담대하게 말해 주었다.

그런데 집에 돌아오는 길에 가만히 생각해보니 병원에서 진단도 제대로 내리지 못할 정도로 아픈 아이인데 그냥 덜컥 별 문제 없을 거라고 말해버린 내 자신이 너무 성급했다는 생각이 들었다. 시간이 가면 갈수록 어쩌자고 그런 엄청난 실수를 해버렸나 싶어 당황했다. 그래서 그 길로 40일 철야 기도를 시작했다. 하나님께 어쩌자고 아무것도 아닌 제가 아무 문제가 없을 거라는 말을 하게 두셨냐고 반문하듯 기도하기 시작했다.

아이는 최소 6개월은 지나야 재검사가 가능하다는 이야기를 들었다. 제가 할 수 있는 것은 하나밖에 없었다. 6개월이 지나갈 때까지 기도하고 또 기도하는 것밖에는 없었다. 다행히 기도 중에 아이가 치료되는 환상을 본 후 약속한 6개월이 지나고 아무 문제가 없다는 최종 진단을 받았다. 주일 아침에 부모님으로부터 그 말을 듣는 순간, 나도 모르게 "할렐루야" 하고 큰 소리로 외치고 말았다.

어느 틈인가 철야 기도는 나의 일상이 되어갔다. 틈만 나면 청계산이나 갈멜산 기도원, 강남 금식 기도원에 가서 기도를 드렸다. 영아부를 하는 동안 갑자기 아픈 아이들은 물론 태중에서조차 온갖 질병의 위험을 진단 받은 아기들까지 기도 거리가 넘쳐났기 때문이다.

한번은 청계산 꼭대기에서 기도하는 중에 전화 한 통을 받았다. 아이가 출산하자마자 한 달 동안 병원에 입원해야 된다며 울면서 전화하는 영아부 엄마였다. 나는 하나님께 맡기면 금방이라도 퇴원할 수 있으니 기도하자고 했다. 아이는 일주일 만에 퇴원할 수 있었다.

또 다른 한 번은 기형아로 태어날 수 있다는 진단을 받은 엄마와 함께 기도하면서 하나님께 당신의 뜻을 다시 한 번 물어보자고 했다. 결국 기도를 통해 용기를 가진 아이 엄마는 아이를 지우지 않고 하나님을 믿고 출산을 했다. 아이는 건강하게 태어날 수 있었다.

또 다른 아이는 사고로 산달을 다 채우지도 못하고 태어나서 인큐베이터에 들어가는 상황이었는데 그때도 그 아이를 위한 철야 기도를 했던 기억이 난다. 영아부 사역만큼 아이들을 위해 해줄 수 있는 일이 기도밖에 없는 경우도 없었지만, 그때의 기도만큼 많은 응답을 받은 적도 없었던 것 같다.

믿음은 바라는 것들의 실상이요 보지 못하는 것들의 증거니

(히브리서 11장 1절)

또한 그때는 IMF 경제 위기가 터져 경제적으로도 어려운 가정들이 많았다. 나는 교사들과 함께 상처받고 교회를 떠난 아이 엄마들을 위해 가정 심방을 하기로 하고 영아부의 어려운 가정을 찾아다녔다. 하루에 일곱 가정씩 심방하는 강행군을 해야 했다. 그런 강행군은 함께했던 금지원 부감 집사님의 헌신적인 도움이 없었다면 힘들었을 것이다. 어떤 상황에서도 부장인 내 이야기에 귀를 기울이고 한 번도 싫다고 거절해본 적 없는 착한 부감이었다. 담임 목사님과 모든 교사들, 전도사님, 그리고 집사님들이 함께 합심하여 기도하고 협력하여 도왔기 때문에 영아부는 각 가정에 찾아온 경제적 어려움도 함께 이겨낼 수 있었다. 한 마음이 되어 기도할 때 하나님의 음성을 함께 들을 수 있었다. 부서가 싸우고 갈라졌다면 이런 기적은 볼 수 없었을 것이다.

영아부의 출발은 너무 작아서 마치 겨자씨 같았지만 어느덧 줄기가 자라 밑동이 굵어지고 잎이 무성해져 산새들이 쉬고 가는 풍성한 한 그루의 나무가 되었다. 아이와 엄마 5명에서 출발해 4개월 동안 16배가 넘는 80명을 인도한 부흥의 역사다. 유년부를 6개월 만에 40명에서 4배나 되는 160명이 출석하도록 허락하신 하나님께서 다시 한 번 내게 더 큰 부흥의 역사를 보게 하셨던 것이다. 모든 역사는 주님의 은혜이며 함께한 동역자와 협력자들의 순종에 대한 기록이다.

나를 도와 함께하며 어려움 속에서도 하나로 뭉치게 해준 수많은 협력자들, 특히 임순권 집사님과 김혜순, 김미양 집사님, 그리고 황미애 집사님에게 감사드리고 싶다. 지금은 모두 장로님이자 권사님이 되셔서 열심히 교회에 헌신하며 충성 봉사하는 귀한 주의 일꾼들이시다.

.3.

일흔에도 순종한 식당 봉사

교회 안에서 여러 가지 봉사를 해왔는데 가장 최근에 맡았던 봉사는 일흔이 가까운 나이에 맡은 식당 봉사 팀장이었다. 교회를 위해 봉사할 때마다 어렵거나 곤란한 상황에서 내가 맡는 경우가 많았다. 식당 봉사 팀장은 원래 권사님들이 순서대로 돌아가면서 팀장을 맡아 왔으나 그해는 다소 차질이 있어서 식당 팀장을 마땅히 할 사람이 없게 되었다. 그러던 중 나에게 식당 팀장을 맡아 달라고 하는 요청이 들어왔다. 다소 부담은 되었지만 다 하나님의 뜻이라고 생각했기 때문에 일 년이라는 시간을 기쁜 마음으로 식당에서 봉사했다. 부팀장으로 오신 김 권사님과 함께 열세 명의 팀원들은 가장 좋은 식재료를 사서 정성스러운 마음으로 600여 명 성도들을 위한 주일 점심 식사를 준비했다. 팀원들은 성도들이 맛있게 "잘 먹었습니다"라고 하는 인사를 받을 때마다 힘든 부엌일도 잊어버릴 수 있다고 했다. 일 년이란 시간은 눈 깜빡할 사이에 지나갔다. 그리고 그런 나의 봉사를 계기로 다시 권사들이 예전대로 식당 봉사를 돌아가며 맡아 잘하고 있다.

나중에 시무 권사들 중 누구도 마다하지 않고, 심지어 몸이 불편해도 자신의 차례가 돌아오면 솔선하여 식당 봉사 팀장을 맡는 모습을 보여서 참으로 잘했다는 생각이 들었다. 지금도 그때 나와 같이 식당 봉사를 하셨던 분들은 10년, 20년이란 세월 동안 궂은 부엌일을 기쁨으로 감당하고 계시는 믿음의 동역자분들이다.

6 장

영적 전쟁의 최전선,
전도 현장에 서다

.1.

큰 시련 뒤 찾아온 전도 비전

지금까지 살아오면서 세 분의 담임 목사님을 섬겼다. 항상 담임 목사님 말씀에 순종하려고 노력했다. 내가 보기에 하지 못할 것 같은 주의 일이라도 내가 하는 것이 아니라 하나님께서 나를 심부름꾼으로 사용하시는 것이라고 생각했기 때문이다. 이를 통해 내가 만난 하나님의 역사들(특히, 전도 분야)은 이루 다 말할 수 없다.

현 비전교회 담임 목사님이 오시기 전에, 교회에는 큰 어려움이 닥쳤었다. 그 어려움 때문에 지금의 목사님이 새롭게 부임하셨다. 처음에는 상처 받은 성도들이 교회를 많이 떠나 교회의 존속마저

위태로웠던 시기가 있었다. 남은 성도들도 그간의 상처로 힘겹게 교회를 지켰다. 그전 담임 목사님은 교회를 떠나야만 했고 임시로 당회에서 세우신 서기행 목사님이 임시 당회장을 하셨다.

내가 권사 임직을 받고 교회의 중책을 맡은 것은 바로 그때였다. 위기를 극복하기 위해 남아있던 성도들과 함께 성동구 송정동 일대로 전도를 다니면서 날마다 애통하는 마음으로 교회를 위해 기도했다. 하루 세 시간만 자면서 철야 기도를 반복했고, 백복녀 권사님과 이순희 권사님은 그때 함께 기도했던 기도의 동역자분들이다.

우리는 믿음으로 어려운 시기를 이겨내려 했다. 교회와 성도들을 묶어주실 목사님이 청빙되어 교회에 오시기만을 간절히 기도했다.

선배 권사님들과 장로님들의 기도로 현 담임 목사님께서 오실 수 있었다. 그리고 분열된 교회도 수습되기 시작했다. 그때는 하나님께서 왜 이런 시련을 주셨는지 몰랐다. 하지만 지금 생각해보면 이스라엘 백성을 광야에서 열하루 길을 두고 40여 년간 훈련하고 연단시키셨던 것처럼 우리들이 더욱 기도하고 정금처럼 단단해지도록 하시기 위함이라는 것을 알게 되었다.

새로 부임하신 채이석 담임 목사님이 도입한 '고구마 전도법', '전도폭발학교 훈련' 등은 교회에 전도가 올바르게 뿌리내리도록 도와주는 촉매제가 되었다.

목사님은 '열방을 전도하는 교회'를 핵심 목회 지표로 삼으셨다. 그전부터 막연하나마 '영혼 구원하는 일'을 사명이라고 생각하며 기도했지만 구체적으로 어떻게 내 삶에서 이어져야 하는지 몰랐다. 새로 부임하신 목사님은 그런 내게 일성부터 '전도'가 사명이라고 메시지를 던졌다. 돌이켜보면 국내외 선교에 눈을 뜨고 전도에 집중할 수 있었던 것은 담임 목사님의 목회 방침 때문에 가능했던 것 같다.

나 역시 목사님의 목회 사역에 부응하기 위해 전도폭발학교를 다녔다. 목사님의 적극적인 추천도 있었다. 하지만 전도에 대한 욕심과 기대는 다른 누가 시킨 것이 아니라 내 안에서 샘물처럼 자연스럽게 나온 것이다.

나의 전도 역사는 지금부터 34년 전에 세워졌던 '비전교회 전도특공대'로 시작되었다. 기도 중에 길 잃은 영혼을 하나님 앞으로 돌아오게 만드는 일꾼이 되라는 말씀을 듣고, 그때부터 전도를 숙명처럼 받아들이기 시작했다. 전도만을 생각하며 한평생 봉사하는 길을 걸었다. 전도특공대는 나를 포함해 유 권사님, 윤 권사님이 함께 시작하였다. 후에 김 권사님이 동참해 지금까지 전도 동역자로 활동하고 있다.

시무 권사로서 20년 넘게 해온 심방과 상담

그 후 시무 권사 임직을 받을 때 하나님께서는 심방과 관련해 한 가지 소명을 주셨다. 심방 전날에는 하나님의 뜻을 알기 위해서 전적으로 기도로 준비하라는 메시지였다. 심방 목사님의 말씀을 통해 주의 뜻을 깨닫게 하고, 기도를 통해서 가정의 모든 문제가 해결되도록 예비하라는 것이었다.

나는 일주일이면 3~4일은 성도들의 가정을 심방하면서 기도했고, 그로 인해 심방한 가정에 주님의 은혜가 임하는 것을 보며 감사함을 느꼈다. 나는 그들의 여동생이자 언니이며 누나이고, 엄마로서 상담을 병행하였다. 하나님이 내게 주신 상담의 은사를 통해 그들을 위로하는 역할을 하였다. 철야 기도를 하고 나오다가도 상담 요청이 있으면 상담해 주었다. 위로 받은 성도들은 상처를 치유받을 수 있었다. 지금은 그들 모두 믿음의 반석 위에서 교회의 일꾼으로 잘 세워졌다.

한편 IMF 경제 위기 시에는 대부분의 심방 가정이 물질적 어려움에도 직면하고 있었다. 나도 어려웠지만 내게 주신 적은 것으로라도 그들과 나누길 원해서 성경 가방에는 언제나 그들과 나눌 물질을 준비해 다녔고, 하나님께서는 늘 끊어지지 않게 채워 주셨다.

2

영적 전쟁의 최전선에 서다

담임 목사님은 '지역 선교와 복음화'는 물론 '열방 선교와 복음화'라는 새로운 전도 사명을 교회에 뿌리내리셨고, 그 사명 아래에서 교회와 성도들을 하나로 모으셨다. 나 역시 그런 비전에 따라 국내 선교뿐 아니라 해외 선교의 큰 꿈을 품게 되었다. 나의 전도 사역은 비전교회 안에 전도특공대를 만드는 작은 범위의 일부터 시작하여 지역 선교로, 다시 국내 선교로, 그리고 마지막은 해외 선교로까지 확대되었다.

담임 목사님께서는 어려운 개척 교회가 있다는 소식을 들으시면 그 교회의 전도 사역을 돕기 위해서 전도특공대를 보내셨다. 초기에 특공대는 교회 지원도 받았지만 상당 부분은 자체적으로 비용을 조달해 운영되었다. 특히, 기쁨과 감사로 마련한 헌금을 개척 교회에 드리는 일도 하였다. 다녀온 교회마다 열매가 맺히고, 부흥이 일어남은 물론 교회들이 바르게 자리를 잡아 가는 모습들을 보고 하나님의 심부름꾼으로서 행복했다.

전라도 고창을 필두로 충청도 대전, 경기도 인천과 오포, 강원도 등지로 국내 선교를 위한 전도특공대가 파견되었다. 첫 파견지인 전라도 고창 광명교회로 전도 갔을 때는 떡을 전도용품으로 가지고 가서 가가호호 방문 전도를 했다. 다행히 인심이 좋아 복음을 전하면 잘 받아들였다.

한번은 우리가 처음 전도했던 한 엄마와 아기가 교회 문을 두드렸다. 불교신자가 대부분인 동네에서 자발적으로 주님 품에 돌아온 영혼이 너무 반가워서 교회 송길용 목사님과 성도들은 그녀를 위해 깊은 감사 기도를 드렸다고 한다. 그렇게 두 영혼이 구원받는 사건을 계기로 교회는 부흥하기 시작했다.

고창의 작은 시골 광명교회에서는 현재 200명이 넘는 성도들이 찾아와 구원을 받았다. 겨자씨만 한 전도 활동이 뿌리를 내리고 자라게 하셔서 이제는 신자가 200명이 넘는 중형 교회로 우뚝 서게 만드셨다. 전도의 씨앗을 뿌리라 명하신 분도 하나님이시고 이를 가꾸시고 추수하시는 분도 하나님이심에 다시 한 번 감사드린다. 그저 말씀대로 순종하는 일꾼만으로도 충분했다.

두 번째 파견 받은 곳은 전라도 오동교회였다. 미용 봉사를 중심으로 복음을 전했고 역시 영혼 구원의 열매를 맺게 되었다. 이렇게 송정동이 아닌 다른 지역에 가서 복음을 전하는 것은 과거에는 상상조차 하지 못했던 일이다. 새로운 담임 목사님 덕분에 그때부터 나의 전도는 지경을 넓혀 가기 시작했다.

한번은 국내 연안 선교회가 준비한 울릉도 선교를 다녀온 적도 있다. 선교 지역 교회를 방문해 예배를 드리고 독도까지 들어가는 좋은 기회를 가질 수 있었다. 바람이 불면 독도 안쪽까지 들어가지 못한다고 걱정도 많았지만 다행히 안까지 들어갈 수 있었기 때문이다. 나는 가슴이 벅차올랐다. 우리는 독도에 내려 먼저 독도를 지키는 분들께 먹을 수박을 가져가 격려해 드리고, 독도의 복음화를 위해, 그리고 우리 땅임을 확신하면서 합심하여 기도했다. 일본이 독도 소유권을 주장한다 하여도 우리나라 동쪽 끝, 하나님의 권능과 은혜가 충만한 우리나라의 독도로 남기를 기도하고 돌아왔다.

단기 선교를 개척 교회 전도 지원을 위해 지방으로만 다녔던 것은 아니다. 담임 목사님의 지역 선교 사명은 첫째가 이웃 사랑이었다. 이웃이 어려우면 나도 어렵고, 이웃이 기쁘면 나도 기쁘다는 것이다. 이웃의 어려움을 외면하지 않고 도와야만 한다는 담임 목사님의 목회 사역은 비전교회 일대의 독거노인 분들을 섬기는 활동부터 시작되었다. 독거노인 분들의 노후한 집을 고쳐 주었고 믿음이 없어도 어려운 가정을 위해서는 매년 동사무소를 통해 20kg짜리 쌀 한 포대씩을 50여 가정으로 보내주었다.

한편 전도 활동은 물론 그를 위한 훈련도 게을리 하지 않았다. 담임 목사님의 소개로 남서울교회의 전도폭발훈련(미국 James Kennedy 목사님 전도법)에도 참여하였다. 4단계 과정을 전부 끝내고 졸업하기까지 만 2년이 걸리는 과정이었다. 전도폭발학교를 다니기 전에 전도는 그냥 하면 되는 것이라고 생각했다. 하지만 전도특공대 대장으로 일하기 시작하면서부터 전도도 체계적인 훈련이 필요하다는 점을 깊이 깨닫기 시작해 목사님의 추천을 통해 1단계 과정부터 참여하였다.

예상했던 대로 훈련 과정은 큰 부담이었다. 매일 계속되는 기도 훈련과 성경 구절 암송(16절씩)과 반복 학습 및 현장 실습 훈련은 많이 힘들었다. 하지만 점차 전도에 대한 체계적인 자신감을 찾아 갔고, 1단계를 마치고 2단계까지 신청하는 용기도 갖게 되었다.

2단계부터는 훈련생이 또 다른 훈련생을 배출해야 되는 과정이 포함되어 있었다. 나는 2년이라는 훈련 기간 동안 6명의 훈련생을 배출했고, 그 과정을 통해서 교회에 일꾼도 체계적인 훈련 아래에 길러 내는 것이 중요하다는 것을 깨닫게 되었다. 또한, 훈련생과 함께 복음을 제시하면서 구원의 확신을 얻어 주님께 돌아오는 많은 영혼들을 보게 된 것은 전도폭발학교를 다니면서 얻은 큰 기쁨이었다.

3

생명싸개로 지켜주신 하나님

계단에서 떨어지고, 개에 물리고

전도특공대를 하면서 많은 일들이 있었지만 그 중에서도 몸을 다칠 뻔 했던 일들은 특별히 각별한 기억으로 남아 있다.

어느 날 특공대의 김 권사님과 함께 전도하러 3층 건물로 올라 갔다가 계단에서 발을 헛디뎌 넘어지고 말았던 적이 있었다. 보통 은 앞으로 고꾸라지는데 나는 미끄럼틀을 타듯 뒤로 넘어졌다. 그 대로 넘어져 우당탕하며 내려오는데 순간 난간 손잡이를 잡으라 는 소리가 강력하게 들려왔다. 지금까지도 그때 들렸던 소리를 성 령의 소리라고 믿어 의심치 않는다.

나는 오른손으로 손잡이를 꽉 붙잡았다. 하지만 가속도가 붙어서 내 몸은 이미 반 바퀴나 회전해 계단 난간에 매달린 꼴이 되었다. 열다섯 계단 정도를 굴러 내려왔다. 멈춰선 끝에서 김 권사님은 나를 일으켜 세워 주셨다. 얼른 병원에 가자고 했지만 나는 사도 바울은 이보다 더한 일을 겪고도 전도 여행을 계속했다고 하면서 한 시간 동안 계획했던 전도를 계속했다.

그 뒤에 병원에 가 X-ray를 찍어 봤는데 다행히 척추나 다른 곳은 이상이 없었다. 의사는 수많은 계단을 굴렀는데도 어느 곳하나 다친 곳이 없는 것을 보고 신기할 정도라고 했다. 하나님께서 나를 솜이불 같은 생명싸개로 싸 주시고 계단으로 추락하는 중에도 보호해 주셨기 때문이다. 아무리 생각해도 하나님께서 함께 하시지 않으셨다면 정신없이 넘어지는 와중에 난간을 잡으라는 음성을 들을 수 있었을까 싶다. 그리하지 않았다면 타박상은 물론 뇌진탕까지도 되었을지 모른다.

또 다른 경우는 개에 물린 경험이다. 전도한 새 신자 가정에 김 권사님과 함께 심방 예배를 드리고 나오는데 그 집에서 키우던 개가 갑자기 내 종아리를 물어버린 것이다. 몹시 아팠지만 바지를 입고 있어서 상처가 보이지 않았고, 새 신자 가정에서 발생한 일이라 조금도 내색하지 않고 전도를 했다. 너무 저리고 아파서 보니 바지에 피가 묻어 있었다. 급히 약국에 가서 응급 처방으로 약을 바른 뒤, 다시 예정된 전도를 마치고 이튿날 병원으로 갔다.

의사 선생님은 개 이빨에 있던 균이 상처를 통해 몸 안에 침투해 많이 부어올랐다고 했다. 15일 동안 병원을 왕래하며 치료받으라고 하셨다. 하지만 그 정도 일로 전도를 멈출 수 없다고 판단하고 치료를 받으면서 계획된 전도를 끝까지 진행했다. 어느 사이엔가 물린 곳의 부기는 빠져 있었고 상처도 나아 있었다. 지금도 개에 물린 흉터 자국을 볼 때면 주의 일을 하는 과정에서 다친 상처를 보이지 않게 치료해 주신 하나님께 감사할 뿐이다.

4

10년 넘은 성대의 혹을
한순간에 치유하신 하나님

성수동에 아파트가 들어서면서 입주민들을 대상으로 70인 전도대를 구성하여 복음을 전하던 때의 일이다. 당시에 내 성대에는 10년 동안 달고 있었던 혹이 하나 있었다. 전도특공대 대장을 하고 있었기 때문에 매일 전도특공대 활동으로 바쁜 때였다. 그렇게 바쁜 전도 일정을 소화하다가 두 달도 채 못 되어 목이 잠기기 시작하더니 말이 나오지 않았다. 단순히 피곤해서 목이 쉬었다고 하기에는 예사롭지 않은 징조가 나타났다. 분명히 말을 하고 있는데도 목소리는 들리지 않았기 때문이다.

다니던 개인 병원에 갔더니 큰 병원에 가서 수술을 받으라고 했다. 대학병원에서는 의사가 성대 안쪽 내시경 사진을 보여주면서 성대에 혹이 크다고 했다. 다만 성대가 부어 있어서 지금은 그 혹을 제거할 수 없다고 덧붙였다. 의사 선생님은 성대의 부기가 빠지도록 치료하면서 수술 날짜를 열흘 뒤로 잡아 주셨다.

심방을 오셨던 담임 목사님께서는 내가 전도를 하면서 말을 많이 한 때문이라며 잠시 쉬면서 듣기만 하는 것도 좋은 경험이 될 거라고 말씀해 주셨다. 또한, 하나님은 반드시 주님의 일꾼을 그대로 오래 두지 않으시고 곧 치료해 주실 것이라고 위로하시며 조금 쉬라고 하셨다. 그러한 위로에도 불구하고 여기서 전도 활동을 끝내야만 하나 싶어 안타까웠다.

마음속으로 하나님께 기도했다. 말하지 못하면 전도를 더 이상하지 못하게 되는데 제 목소리를 돌려주시고 전도 소명으로 다시불러 달라고 기도했다. 그렇게 며칠을 아침과 저녁으로 기도했고, 예정되어 있던 교회 부흥집회에도 성치 않은 몸으로 참석했다. 목이 아파 도라지 차를 매일 끓여서 보온병에 담아 다녔는데 마침목을 많이 사용하시는 부흥 강사님과 담임 목사님께도 드리려고교회 사무실로 가져간 날이었다. 담임 목사님은 부흥 강사님께 나를 전도특공대 대장이라 소개해 주시며 기도를 부탁하셨다. 부흥강사님은 내 머리에 손을 얹으시고 아주 짧게 기도해 주셨다. 나역시 그 순간, 마음속 깊이 이런 맘으로 기도했다.

'하나님, 치유의 기도를 통해서 성대에 있던 혹을 제거해 주소서.'

마침 다음날은 혹 제거 수술을 4일 앞두고 성대의 붓기를 빼기 위해 치료 받으러 가는 날이었다. 그런데 놀라운 일이 벌어졌다. 의사 선생님이 너무나 의아해 하면서 해준 말을 잊을 수가 없다.

"오순희 씨, 성대의 혹이 없어졌습니다."

나 역시 놀랐지만 가슴을 누르면서 어제 받은 안수 기도 때문에 하나님이 친히 치료해 주셨다고 말씀드렸다. 믿음이 없었던 의사 선생님은 계속 신기하다는 말씀만 하셨다. 사실 내 혹이 사라진 건 하나님의 전적인 역사하심 그 자체였다. 그렇지 않고서는 10년이란 오랜 시간 동안 달고 있었던, 손가락 한 마디 반 정도나 되는 혹이 하루아침에 감쪽같이 사라질 리가 있겠는가 말이다.

내시경 사진은 하나님이 내게 행하신 기적의 증거물이었다. 흑장미처럼 새카맣던 성대는 맑고 깨끗한 연분홍색으로 변해 있었고, 혹이 있던 자리도 마치 수술해서 떼어낸 것처럼 자국만 남아 있었다. 의사 선생님은 지금까지 평생 수술을 해오며 이런 광경은 처음이라고 말씀하셨다. 계속 신기해하던 의사 선생님께 예수님을 믿으시면 이런 치유의 역사를 볼 수 있다고 말씀드렸다. 의사 선생님은 이상이 있으면 다시 병원에 방문하라고 했으나 그 뒤로 15년이 지난 지금까지 내 성대에는 문제가 생기지 않았다.

성대에 혹이 있는 동안에는 찬송을 부르고 기도를 할 때마다 쉰 목소리가 나와서 불편했는데 그 후에는 그런 문제가 사라졌다. 평생 몸에 가시를 가지고 고통 받으면서도 주님의 일을 해 나간 사도 바울에 비할 바는 아니지만, 간접적으로나마 주의 일을 하는 과정에서 경험한 건강과 관련한 역사는 그 후에 내가 두려움 없이 하나님의 일을 하는데 큰 도움이 되었다. 이 또한 기적의 역사였다.

사역을 위한 나만의 원리

그동안 주님의 일을 하면서 하나님이 주신 원칙이 있는데 이는 사역을 시작하기 전에 기도를 통해 먼저 주님과 교제하는 것이다. 지금까지 어떤 사역을 맡더라도 그날로 철야 기도를 시작했고 시간적 여유가 있다면 기도원까지 가서 기도를 했다. 그 기도의 시간은 내가 상상도 못할 하나님의 응답을 듣는 시간이었다. 사역 시작 전에 놓인 어려운 환경들을 고백하고 눈물로 간절히 기도할 때마다 주님은 내 마음을 위로해 주셨고 나아갈 방향을 보여주셨기 때문이다. 아래는 이와 관련해 내가 갖게 된 나만의 사역 원칙이다.

● 첫째, 말씀과 기도 없이는 어떤 것도 할 수 없다.

● 둘째, 어떤 사역도 내 뜻으로 먼저 시작하지 않는다.

● 셋째, 목회자와 교회, 내 사역, 그리고 나라와 민족, 선교를 위해 평생 기도한다.

이 원칙을 따라 사역을 맡게 되면 첫 번째로 변화되는 것은 나도 모르게 나를 돕는 동역자와 협력자들이 붙는다는 것이다. 주님은 그냥 내버려 두지 않으시고 물질이면 물질, 봉사면 봉사, 그 외에 필요한 모든 것들과 관련된 협력자들을 끊임없이 붙여 주시고, 내 사역의 동역자들을 통해 도우신다.

7 장

땅 끝까지 전하라는
명령과 해외 선교

.1.

공안과의 선교 전쟁, 중국 선교

첫 해외 선교는 담임 목사님이 소개해 준 중국 연길 복지병원에서 2002년에 시작하였다. 복지병원은 중국인 사장과 한국인 사장 두 분이 공동으로 운영하였다. 처음 준비하는 해외 선교다 보니 준비 과정에서 실수도 많았고 어려움도 많았다.

해외 선교 자원자를 선발하는 과정도 만만치 않았다. 당초에는 10명이 가기로 했지만 최종 확인 결과 7명으로 줄어들었다. 그런데 출발 일이 가까워지자 아이들이 딸린 엄마들은 아이가 아프다는 이유로 또는 남편이 강하게 반대한다는 이유로 못 떠나겠다고 통보해 왔다.

출발 이 주일 전, 겨우 4명만이 가게 되었다. 처음 가는 해외 선교라 설렘과 두려움이 교차했다. 그래도 담임 목사님은 기도할 테니 3명이든 4명이든 꼭 가보라며 용기를 주셨다. 물론 나는 함께 갈 주정순 전도사님과 이미 40일 철야 기도를 시작하고 있었고, 전도특공대원들도 릴레이 40일 기도로 참여하고 있었다. 하지만 좀처럼 기도의 응답이 없었다. 참석자들까지 줄면서 가슴만 답답하던 마지막 일주일 사이에 놀라운 일이 벌어졌다. 특히, 40일 철야가 마무리되던 날, 놀랍게도 당초에 계획한 10명의 자리가 모두 채워지는 역사가 일어났다. 우여곡절은 있었지만 첫 해외 선교를 무사히 떠날 수 있었다.

연길 복지병원 퇴원 환자들에 대한 복음 전도

중국 땅에 복음을 전파하는 일은, 출발 과정에서 겪었던 일들에 비하면 아무것도 아니다. 연길 복지병원에서 만난 의료진들의 숭고한 희생정신을 보면서 살아 있는 하나님의 참된 사랑을 엿볼 수 있었다.

당시 중국은 예배드리는 소리만 새어나와도 공안 당국에서 잡아가던 시기였기 때문에 예배를 드릴 때 몰래 드려야 했고 건물마다 어둡게 커튼을 쳐야만 했다. 우리가 처음으로 참석한 수요 예배 역시 그런 어두움 가운데 드려진 예배였다.

예배에는 20명 남짓한 의료진들이 참여하고 있었다. 예배를 드리는 내내 내 안에서는 말로 설명하기 힘든, 무언가가 절절 끓어오르기 시작했다. 한국에 있었다면 의사로서 엄청난 권위를 가지고 물질적·정신적으로 풍요롭게 살 수 있는 실력자들이 중국 복음화를 위해 이곳에 와서 심장 질환 수술을 하는 이야기를 듣다 보니 가슴이 벅차오르지 않을 수 없었다. 의료 기술로는 사람의 병든 몸을 고쳤지만, 하나님 말씀을 통해서는 죽어 가는 영혼들을 주님께로 인도하고 있었다.

우리 일행들은 두 명씩 짝을 지어 병원에서 수술 받고 퇴원한 환자들을 찾아 각 지역으로 흩어졌다. 대부분은 심장 수술을 받았거나 간질이나 결핵 환자였다.

내가 전도 나간 지역은 두만강 인근이었다. 멀리 북한 땅의 사람들이 보일 정도로 가까웠다. 내 사명은 그곳에서 만난 한족, 조선족에게 하나님의 복음을 전파하는 것이었다. 지역 주민들은 임업으로 생계를 꾸려 나갔는데, 우리나라 돈으로 환산하면 월급이 겨우 12만 원밖에 되지 않았다. 수술 후 퇴원한 환자들은 한국인 동사장님이 매달 지원해 주시는 10만 원의 보조금으로 근근이 살아가고 있었다. 먹고 사는 문제가 시급해 수술 이후에 영양 관리조차 제대로 할 수 없었다.

우리는 한국에서 가지고 간 전도용품과 독한 약을 이겨낼 수 있는 영양제를 나누어 주며 그들에게 복음을 전하기 시작했다. 나의 사명은 그곳에서 만난 한족, 조선족에게 주님의 복음을 전파하는 것이었다. 복음 제시를 통해서 하루에 6~7명씩 기쁨으로 결단했고, 일주일 동안 30~40명이 결단하는 하나님의 역사하심을 체험할 수 있었다.

우리는 오는 길에 보육원에 들렀다. 한국인 보육원 교사 분들은 간접적으로 하나님을 전도하고 있었다. 보육원의 감시원들이 우리를 계속 지켜보고 있었기 때문에 전도는 물론 예배조차 드릴 수 없었다. 그래서 우리는 교사 분들을 위해 전도 물품과 선교 헌금을 지원해 주고 그곳을 나서야만 했다.

보육원을 나와 연길병원 한국인 동사장님 댁으로 돌아가기 위해 늦은 밤에 고속버스를 타야만 했다. 당시 중국 고속버스는 기껏해야 우리나라 25인승 크기로, 이미 그 안 가득 중국인들이 타고 있었다. 나와 함께 조를 이뤘던 최민심 권사님은 차를 타기도 전에 이미 잔뜩 겁을 먹고 계셨다. 우리는 오고 가는 몇 시간 내내 말 한마디 않고 꼼짝없이 앉아 있었다.

우려했던 바대로 중간 휴게소에서 공안이 차에 탑승해 신분증을 검사하기 시작했다. 정말 두려움으로 몸이 떨리기까지 했다. 최민심 권사님은 혹시라도 걸려 공안 당국으로 끌려갈까 봐 걱정했지만 나는 최 권사님에게 큰 아버지(하나님)가 도우실 거라며 함께 기도하자고 했다. 공안에 대한 두려움 때문에 하나님을 하나님이라 부르지 못하고 '큰 아버지'라고 부르며 기도할 수밖에 없었다. 그렇게 기도를 마치자 어찌된 영문인지 공안은 우리까지는 검문하지 않고 내렸다. 하나님께서 우리의 발걸음을 헛되지 않게 하시기 위해 도우셨던 것이었다. 그 후 2차례 더 검문이 있었지만 하나님의 도우심으로 무사히 통과해서 사장님 댁에 도착할 수 있었다.

최 권사님은 방에 들어가자마자 정신을 잃고 쓰러졌다. 나와 함께 짝이 된 최 권사님은 어제 밤 꿈에 남편과 자녀들을 만나지 못하고 헤어지는 꿈을 꾸어 하루 종일 불안에 떨었기 때문이었다. 한 시간 뒤에 깨어난 최 권사님은 목숨을 내어놓고 선교하는 것이 무엇인지 깨닫게 되었다고 고백했다. 나 또한 목숨 걸고 선교할 때에 모든 것을 하나님께서 책임져 주신다는 것을 다시 한 번 더 느끼고 돌아왔다.

이틀 후 공안의 눈을 피해 늦은 밤에 찾아간 선교지는 가정교회였다. 구불구불 이어진 비포장도로를 달려 도착한 산속에 30~40명이 모여 있는 어느 가정으로 들어갔다. 한 가정을 통해 생겨난 복음이 씨를 뿌리기 시작하면서 어느덧 40명 가까운 사람들이 모이기 시작한 가정 교회였다.

전도란 누룩처럼 한 사람 한 사람에게 전파되는 하나님의 역사다. 그들을 위한 위로 예배를 드리고 후원금을 전달한 뒤 전도를 시작했다. 그곳에서 나는 복음의 씨앗이 땅에 뿌려지면 하나님의 역사를 통해 풍성하게 열매 맺는 기적이 일어난다는 것을 눈으로 목격한 시간이었다.

　중국 공산당이 허가 해준 '삼자교회'도 방문한 적이 있다. 새벽 기도 예배를 참석해 드리고 싶었으나 혹시 공안에 들키면 우리는 물론 동역자이신 병원 사장님께도 큰 화가 있을 것 같아 처음에는 주저했다. 하지만 하나님께서 지켜 주시리라 믿고 조심스레 새벽 기도를 드리기 위해 새벽 4시 반에 택시에 나눠 타고 삼자교회로 갔다. 교회당에 들어서자마자 내 눈앞에 앉아 있는 500~600명 정도 되는 성도들을 보았다.

　중국 선교 기간 중에 주정순 전도사님과 정경애 전도사님은 나와 함께 아침, 저녁으로 예배를 인도하며 사역을 끝까지 잘 마칠 수 있게 기도했던 동역자였다. 물도 귀하고 한국 식재료도 귀한 곳에서 석필선 권사님과 김상운 권사님은 간장도 없이 소금으로만 간을 한 소고기 국을 끓여 주셨는데 그 맛이 어찌나 맛있었는지 모른다. 중국 1차 선교는 이런 모든 분들의 노력을 통해 성공적으로 마칠 수 있었다.

중국 선교

　2차 및 3차 선교는 1차 선교 때보다 여건이 더욱 험난했다. 연길 복지병원 협력자이셨던 한국인 동 사장님은 한국 선교사들이 자주 방문한다는 소문 때문에 공안의 감시가 더 강화되었다며 1차 선교 때와 달리 사장님 댁에 거처를 둘 수 없다고 했다. 대신 찜질 방에 거처를 두고 선교를 해야 했다. 전도 환경은 1차 때보다 여의 치 않았지만 중국으로 다시 보내신 하나님의 말씀에 순종하며 전 도에 열심을 다했다.

2차 선교 때 간질병을 비관한 청년 학생을 전도하기 위해 찾아 갔던 일화도 기억에 남는다. 청년의 부모님은 중국 공안 당국에서 도 높은 지위에 있는 사람이었다.

아들의 간질병을 치료해 준 연길 복지병원에서 그 아버지를 만 났다. 우리가 복음을 전하기 위해 찾아왔다고 하니 그동안 잘 도 와줘서 고맙다며 우리에게 점심을 대접해 주었다. 비록 냉면 대접 이었지만 그 냉면 한 그릇의 가치는 돈으로 환산할 수 없는 아주 귀한 것이었다. 공안 당국의 높은 지위에 있던 학생 아버지는 우리 를 만나 감사를 표하기 위해서 만에 하나 생길지도 모르는 신변의 불이익도 감수하고 우리를 만났던 것이었다. 중국에서 맛본 선교 의 역사는 그전에는 알 수 없었던 하나님의 크고 비밀한 일이었다. 그리고 그 학생은 복음을 받아들이게 되었다.

4차 중국 선교는 연길이 아닌 '연태'로 갔다. 연태는 당시 한국 대기업들이 지사를 내서 한국 사람들이 많이 거주하기 시작하는 지역이었다. 그 지역 복음화를 위해 사역하고 계신 정화평 선교사님 집에 머물렀다. 정 목사님은 그 지역에 새롭게 정착한 한인들을 보며 걱정이 많으셨다.

인건비가 저렴한 중국 땅에서 한국보다 풍족한 삶을 살다가 한국으로 돌아가는 한인들에 대해 걱정하셨다. 그들은 주로 150평이나 되는 주택에 사는 30대 후반이나 40대 초반의 젊은 사람들이었다. 우리는 그 가정들을 방문해 전도폭발학교에서 배웠던 것을 토대로 복음을 제시했다. 다 잊어버린 줄 알았던 전도폭발학교 내용들이 복음을 전하기 시작하자마자 구구절절 입에서 나오기 시작했다. 그때 전도한 십여 명은 모두 주님 품 안으로 돌아와 구원을 받게 되었다.

정화평 목사님이 시무하는 교회의 수요 예배를 드린 직후에 목사님께서 갑자기 내게 지금까지 사역해온 내용을 주제로 교인들에게 특강을 해달라고 부탁하셨다. 준비 없는 강의라 정중히 거절했지만 목사님은 '순종'만 한 믿음은 없다며 강하게 다시 부탁하셨다.

비전교회에서 사역하며 체험했던 것들을 하나둘씩 떠올리면서 중국 땅, 이 낯선 교회에 어떤 것들이 필요한지 생각했다. 그리고 성도들에게 영향을 끼칠 수 있게 해달라고 간곡하게 기도드렸다. 결국은 목회자와 교회 중심으로 살아오는 과정에서 하나님이 역사하셨던 것과 순종하는 과정에서 하나님이 주신 축복에 대해 강의를 할 수 있었다.

　나중에 전해들은 이야기지만 그날 내 강의를 듣고 교회 중심으로 헌신하며 충성하는 삶을 살겠다고 회개하며 나아온 권사님들과 집사님들이 계셨다고 했다. 나는 그간 주님의 일꾼으로 사용되어지기만을 바라며 기도하고 또 기도했다. 주님 역시 나 자신을 위한 기도보다 공적인 기도에 더 빨리, 더 강하게 응답해 주셨다. 그런 강하고 비밀스런 경험들이 그들을 하나님 앞에 더 나가도록 변화시켰는지 모르겠다. 모두 주님이 하신 것이었다.

Box 3

해외 선교의 불을 지핀, 양화진 선교사 묘역

담임 목사님은 선교를 강조하시면서 우리 모두가 선교에 빚진 사람이라는 말씀을 자주 하셨다. 개화기에 미국, 영국 등 해외에서 우리를 위해 복음을 전하다 순교한 선교사님들에게 빚을 지고 있다는 것이다. 그런 말씀 중에 목사님과 함께 방문한 '양화진 선교사 묘역'은 내게 해외 선교에 대해 더 뜨거운 열정을 갖도록 계기를 마련해준 중요한 경험이었다.

목사님은 비록 그곳에 묻히지는 않으셨지만 최초의 평양 지역 교회인 널다리골교회(평양 장대현교회의 전신)를 1893년에 설립하신 모펫(Samuel A. Moffett) 선교사의 역사를 말씀해주셨다. 한 선교사를 통해 전파된 믿음이 평양을 한국의 예루살렘으로 만들고 우리 민족에게 엄청난 회개의 역사를 일으켰다.

해외 선교는 복음이 들어갈 수 없는 북한 땅도 포함하는 것이다. 어려운 나라에 복음이 들어가 하나님의 백성으로 돌이켜 세우는 것은 물론 국민들을 일깨워 잘살도록 해주면 좋을 것 같았다. 하지만 해외 선교는 혼자 할 수 있는 것이 아니었기에 점점 자라나는 해외 선교에 대한 열정에 비해, 실행하지 못하는 아쉬움과 안타까움만 쌓여갔다.

어느 날 담임 목사님이 지역 선교와 함께 해외 선교도 교회 차원에서 본격적으로 실천해 가겠다고 말씀하시는 것을 듣고 내 마음의 기쁨은 말할 수 없었다. 2002

년 중국 연길 지역에 처음으로 선교차 방문하고 시작된 해외 선교의 꿈을 본격적으로 교회와 함께 펼쳐 나갈 수 있을 것 같았다. 해외 선교를 향한 내 갈망은 그렇게 하나둘 풀려 갔고 새로운 발걸음을 딛게 되었다.

> 구하는 이마다 얻을 것이요 찾는 이가 찾을 것이요 두드리는 이에게 열릴 것이니라. (마태복음 7장 8절)

물론 해외 선교의 첫 소망은 90년대 후반 기독교 TV(CTS; Christian Television System)를 통한 해외 선교 붐이 일어나면서 공산권 국가인 중국에 복음 전도의 샘물이 솟아나던 무렵부터 시작되긴 하였다. 그런 해외 선교에 대한 갈망을 보시고 큰 흐름의 길로 자그마한 나를 인도해 주신 하나님께 감사드린다.

.2.

가난과의 싸움, 필리핀 도시 빈민 선교

두 번째 해외 선교지는 수도노회 여전도회와 다른 교회 선교단과 함께 2006년에 떠난 필리핀이었다. 필리핀은 60년대 이전까지 우리보다 훨씬 잘 살았다. 막연하나마 내 기억 속의 필리핀은 그 후에도 계속 발전을 거듭해 아주 잘사는 나라가 되어 있을 거라고 생각했다. 그러나 필리핀 도시 빈민 지역에 도착했을 때 그런 나의 기대는 산산이 무너지고 말았다.

그곳에서의 첫 사역은 도시 빈민 부부들의 결혼식을 올리는 문제를 해결해 주는 것이었다. 12만 원이 없어서 결혼식을 하지 못한 채 살아가고 있는 도시 빈민 부부들을 돕는 사역이었다. 결혼

식을 하지 못했기 때문에 법적으로 그들의 아이들은 호적에 올라
갈 수 없었고, 나라에서 주는 교육, 의료 등의 혜택을 받기 힘들었
다. 그래서 우리는 다른 교회와 함께 서른 세 쌍의 합동결혼식을
올려 주게 되었다. 그들 중 믿지 않는 자들은 결혼을 통해서 예수
그리스도를 영접하는 아름다운 모습을 볼 수 있었다.

두 번째 사역은 다른 교회와 협력 기공 예배를 드리는 것이었
다. 해외에서 처음으로 드리는 기공 예배였기 때문에 나로서는 참
으로 감격스러웠다. 이 예배당에서 많은 사람들이 찬송과 말씀을
듣는다고 생각하니 40도가 넘는 무더위 속에 드리는 기공 예배지
만 내게는 벅찬 감동이었다. 주님은 이날의 감동을 통해 후에 나
에게 교회를 세우는 소명을 주셨다.

세 번째 사역은 산속 깊은 곳에 버려진 교회당에 가서 아이들을
만나 전도하는 것이었다. 도착해 보니 60~70여 명 가까운 아이들
이 이미 모여 있었다. 그들은 필리핀 원주민들이었고 그 중 한 아
이가 사는 집을 방문했다. 세 사람이 누우면 다 찰 만한 좁은 원두
막에서 무려 일곱 식구가 살았다. 그곳에 주님의 말씀 씨앗을 뿌리
며 나는 더 손길이 닿지 못하는 지역 복음화에 대한 갈망도 갖게
되었고, 돌아오는 길에 복음이 들어와 문명화된 나라에서 산다는
것 자체가 얼마나 큰 축복인지도 다시 한 번 생각하게 되었다.

사실 필리핀 방문은 이때가 처음은 아니었다. 60주년 생일을 맞아 셋째 딸과 둘만의 여행을 위해서 방문했던 경험이 있기 때문이다. 그러나 그때 내가 본 풍경은 행복하고 아름다운 섬나라였다. 선교 여행 때 갖게 된 이미지하고는 전혀 달랐다. 선교가 아니었다면 필리핀에서 주님의 손길을 기다리는 수많은 영혼들을 위해 기도할 일도 없었을 것이다.

복음은 문명과 함께 들어간다. 복음이 들어오면 그 안에 내재된 문명을 통해 사람이 바뀌고 문화도 변화 받는 것이다.

'우리는 복음에 빚진 사람이다. 전해야 한다. 받은 만큼 전해야 한다.'

2013년 가을 필리핀 타클로반(Tacloban) 지역에 쓰나미 피해가 생겨 사상자가 1만 명이나 발생했을 때 총회 군 선교회는 필리핀 구조를 위해 파견되는 군인들을 위한 파송 예배와 구호물자를 보내 주는 역할을 하였다. 그 덕분에 나는 태풍으로 사라져 버린 타클로반 지역 교회들을 재건하기 위해 다시 필리핀을 찾을 수 있었다. 우리는 타클로반 지역 3곳에 교회 건축을 위한 기공 예배와 파견된 한국 군인들을 위한 위로 예배를 드리는 것이 목적이었다. 교회의 건축은 태풍으로 인해 발생한 사망자들의 유가족을 위로하고 하루아침에 삶의 터전을 잃어버린 그들의 마음을 주님께로 인도하는 중요한 역할도 하였다. 한국 군인들이 그곳에서 그들의 집을 다시 재건하는 모습을 보며 나 또한 뿌듯함을 느꼈다.

비전영홍교회 건축,
캄보디아 선교의 값진 열매

교회 건축의 꿈

　캄보디아 선교는 수도노회 여전도회에 임원으로 참여 중 해외
선교로 캄보디아를 선정해 추진하면서 함께하게 되었다. '깜뽕' 지
역을 방문했는데 지역 교회 건립을 위한 기공 예배 참석을 겸하는
선교 사역이었다.

　교회 건물이 없어 야외에서 쏟아지는 장대비를 맞으면서 기공
예배를 드리게 되었다. 함께 비를 맞으며 기쁨에 가슴이 벅차올랐
고, 한편으론 절절한 안타까움도 가슴 한 구석으로부터 차올랐다.
비와 바람, 그리고 더위를 피해서 온전히 예배를 드릴 수 있는 교

회가 필요하겠다고 처음 생각하게 되었다.

기공 예배를 마친 뒤, 우리는 일정에도 없는 나환자촌을 방문하였다. 그곳에서도 비를 맞으며 기공 예배를 드리게 되었다. 그리고 나는 큰 결심을 하였다.

'저들을 위해 교회를 건축하는 일은 바로 지금 먼저 구원 받은 한국이 해야 하는 일이다. 하나님도 기대하실 것이다.'

그래서 나는 하나님께 이 척박한 캄보디아 땅에 비와 바람을 맞지 않고 여름의 더위도 피하며 하나님께만 예배를 드릴 수 있는 성전이 세워지기를 간절히 기도했다. 마침 일주일간 선교에 동행하셨던 최수용 장로님께서 그곳의 어려운 사람들을 위해 교회를 세우자고 제안을 하셨다. 그렇게 기도하는 중에 하나님의 응답을 들었다. 캄보디아 메콩강 인근에 예배당 건물이 없어 50명 남짓한 아이들이 노상에서 예배를 드린다는 소식을 듣게 된 것이다. 그 소식을 듣고 나는 그 지역에 교회를 세워야겠다고 결심하게 되었다.

교회 헌당 예배와 합동 진중 세례식

두 번째로 캄보디아를 방문했을 때는 전국 총회 군 선교회 선교팀원으로 함께하였다. 지금은 고인이 되신 김승렬 장로님과 최수용 장로님이 먼저 닦아 놓으신 캄보디아 선교의 길을 따라 가보는 길이었다. 불교 국가라는 제약에도 불구하고 두 분의 선교 활동 덕분에 캄보디아 쁘레이쁘너 수도 방위사령부 연무대 사령관이 마련해 준 부지에 교회를 건축하게 된 것이다. 최 장로님은 나에게 3 백만 원의 선교 헌금을 부탁하셨다. 그래서 나는 막내딸 결혼 자금으로 준비해 둔 돈을 선교 헌금으로 드렸다.

해외 선교는 그곳에 필요한 것을 채워주고 봉사하는 활동을 통해 복음을 전하는 과정이다. 그래서 교회는 물론 우물도 만들어 주었다고 했다. 나는 그 과정에서 교회 부지를 제공한 군 사령관과 함께 차를 마실 수 있었다. 차를 마시면서 김승렬 장로님과 최수용 장로님이 불교 국가에 교회를 세우기 위해 얼마나 많은 희생을 하셨는지 잘 들을 수 있었다. 희생을 딛고서야 복음의 열매를 맺을 수 있다는 것을 군 사령관이 들려준 두 분의 사역을 듣고서 깨닫게 되었다.

해외 선교 때마다 보고 들은 것들은 살아계신 하나님의 역사 자체였다. 쁘레이쁘너 수도 방위사령부 연무대 교회 헌당 예배 및 합동 진중 세례식에 참여하면서 얼마나 가슴이 벅찼는지 모른다. 불교 국가의 군 사령관이 교회를 세우는 일에 협력하기까지 얼마나 많은 어려움이 있었을지 상상하면 더 뭉클해졌다.

헌당 예배 때, 열 명의 군인들이 세례를 받았다. 하나님의 역사에 감사 기도를 드렸다. 불교 국가에서 예배를 드리며, 세례를 할 수 있다니 말이다. 이 또한 하나님이 하신 것이다.

헌당 예배를 마치고 난 뒤에 우리는 최 선교사님과 함께 어린이 사역을 위해 지역의 시골로 찾아갔다. 바게트처럼 생긴 빵 1,000개와 어린이들이 사용할 수 있는 볼펜, 연필, 칫솔 같은 전도용품을 가지고 갔다. 차가 빵빵거리며 공터에 들어서자 순식간에 800명 내지 1,000명의 아이들이 모여들기 시작했다. 예배를 드리면서 목사님은 말씀 퀴즈를 내셨는데 아이들은 이미 하나님을 만나서인지 정답을 다 알고 있었다. 상품으로 컵라면을 주었는데 아이들이 어찌나 좋아하던지 그 얼굴을 잊을 수가 없다.

예배가 끝난 뒤, 가져갔던 빵과 전도용품을 나누어 주는 시간이 되었을 때, 너무나 가슴 아프고 눈물 나는 경험을 하게 되었다. 출산한 지 이틀밖에 되지 않은 스무 살도 안 되는 어린 엄마가 갓난아기를 품에 안고서 빵을 받겠다며 줄을 선 것이었다. 갑자기 그 엄마를 보면서 큰아이를 낳고 산후조리조차 제대로 못해서 고통스러워했던 시절이 떠올랐다. 그 엄마에게 빵을 하나 더 주었다. 빵 하나도 사먹기 어려운 지역이 있을 거라고는 상상도 하기 어려웠지만 내 눈앞에는 그런 사람들이 있었다. 신문이나 뉴스를 통해서 경제적으로 어려운 나라라고 보던 것과 직접 그들과 호흡하며 느낀 것은 너무나 다른 일이었다.

가슴 아픈 사연들을 만나며 겪는 느낌은 말로 설명할 수 없을 정도였다. 이런 이유로 해외 선교는 하나님의 역사하심을 깨닫는 더 좋은 기회라고 생각한다.

캄보디아 비전영홍교회 건축의 기쁨

앞서 언급한 것처럼 교회를 건축한다는 것은 말처럼 쉬운 일이 아니었다. 처음으로 교회 건립을 위해 철야 기도를 하기 시작했을 때, 나는 잠시 머뭇거렸다. 마흔이 되었지만 미혼이었던 둘째 아들과 막내딸의 결혼 준비금을 선교 헌금으로 사용하지 않으면 안 될 정도로 경제적으로 어려운 형편이었기 때문이었다. 처음에는 자녀들이 모두 좋은 짝을 만나 결혼할 수만 있다면 캄보디아에 교회를 세우겠다고 기도를 드렸다. 하지만 캄보디아 교회 건립 과정은 기대했던 것보다 빠르게 진행이 되었고 그 당시 아이들의 결혼 소식이 없어, 두 자녀의 결혼 준비금을 교회 건립을 위한 건축 헌금으로 사용했던 결과였다. 물론, 잠시 망설임이 있긴 했지만 이것도 하나님의 인도하심이라고 생각하고 기도하는 가운데 교회 건립에 집중했다.

하나님께서 내게 자녀들 결혼보다 비를 맞으면서도 예배를 드리던 캄보디아의 아이들을 생각하게 하셨고, 그래서 나는 '비전영홍교회'를 세우기로 결심했다. 그러자 놀랍게도 하나님은 내가 드린 것보다 더 값진 것들로 내 삶을 채워 주셨다.

하나님 앞에 성전을 먼저 짓고 1년 만에 둘째 아들은 나이 마흔 둘에 결혼을 할 수 있었다. 세를 받을 수 있는 상가도 한 칸을 새롭게 허락해 주셨고, 막내딸도 건실한 사위를 만나 그 다음해인 마흔 살에 결혼을 할 수 있었다.

캄보디아 문따이다이즈 지역에 비전영홍교회는 많은 사람들의 후원의 손길로 세워졌고, 그래서 헌당 예배를 드릴 수 있었다. 내 손에 있을 때는 별 것 아닌 것들이 주님 손으로 옮겨지니 오병이어의 기적이 된 것이다. 한 사람씩 모여 후원해 주신 덕분에 캄보디아라는 불교 국가에 비전영홍교회가 세워졌다. 그 헌당 예배 때부터 열 명에게 세례를 베풀었다. 지금도 비전영홍교회는 하나님의 일하는 교회로 성장하고 있다.

여기 한 아이가 있어 보리떡 다섯 개와 물고기 두 마리를 가지고 있나이다. 그러나 그것이 이 많은 사람에게 얼마나 되겠삽나이까. 예수께서 이르시되 이 사람들로 앉게 하라 하시니 그 곳에 잔디가 많은지라 사람들이 앉으니 수효가

오천쯤 되더라. 예수께서 떡을 가져 축사하신 후에 앉은
자들에게 나눠 주시고 물고기도 그렇게 그들의 원대로 주
시니

(요한복음 6장 9–11절)

Box 4

비전영홍교회 헌당 예배 기도문

할렐루야! 모든 일을 가능케 하신 창조주 하나님께 감사드립니다.

오랜 세월 동안 하나님의 참사랑을 몰라 인생의 답을 세상 가운데서만 찾으려 했던 이곳 캄보디아 땅에 주님이 계획하신 비전영홍교회를 건축하게 하시고 헌당 예배를 드리게 하심을 감사드립니다.

어려운 환경 가운데서도 세워질 교회를 통한 하나님의 영광을 바라보며 수고와 기도로 땀 흘리며 참 기쁨으로 교회 건립 과정을 감당해주신 고 선교사님과 싸우만 전도사님, 그리고 성도님들을 기억하소서.
고 선교사님과 싸우만 전도사님의 사역을 하나님께서 늘 기뻐하실 일들로 채우시고 성도님들에게도 천국의 기쁨을 알게 하소서.
열린 교회 이성우 목사님을 먼 땅 비전영홍교회까지 불러주심을 감사드리며 말씀을 주실 때 이 자리에 앉은 모든 분들에게 생명의 말씀이 되게 하소서!

하나님의 영광을 위하여 이곳 캄보디아 땅의 문따이다이르 지역에 세워진 비전영홍교회가 캄보디아 땅의 모든 백성들을 향한 복음의 통로가 되게 하옵소서. 또한 기도와 찬양이 끊이지 않는 교회로 신실한 믿음의 일꾼들이 양육 받고 세워져 나

가게 하소서. 주의 교회를 통해 이곳에 계신 성도들이 사랑으로 고제하여 하나님께

크게 쓰임 받을 수 있도록 축복하여 주옵소서.

우리 주 예수 그리스도의 이름으로 기도드립니다. 아멘.

미(未)전도 종족 선교사 양성, 인도 선교

미(未)전도 종족 선교사 양성, 인도 선교

인도 단기 선교는 담임 목사님과 강동우 장로님과 함께 인도 찬디가르 지역으로 가게 되었는데 선교를 떠나면서도 인도는 복음이 들어가기 굉장히 어려운 국가일 것 같아 가슴이 답답했다. 3억 8천여 신을 섬기는 힌두교 국가인 인도에 어떻게 하나님의 복음을 전할 수 있을까 걱정만이 앞섰다. 그때 인도 선교의 목적은 인도라는 국가 선교도 있었지만 무엇보다 담임 목사님의 인도 현지 사역자들을 위한 강의를 돕는 사역이 우선이었다. 더불어 인도 같은 미전도 지역에 보낼 사역자를 길러내고 파견하는 사역을 담당하는 미전도 종족 선교사인 안강희 선교사님을 돕는 사역도 함께 하기로 했다.

인도는 교회를 나가면 피를 나눈 형제들끼리도 고발할 정도로 핍박이 심한 곳이다. 그만큼 복음을 전하기 어려운 곳이다. 하지만 그곳에도 주님을 전하기 위해 일하는 선교사님들과 현지 사역자들이 있었다. 하나님 일을 하는 사람으로서 그들을 위한 기도를 하지 않을 수 없었다.

인도 선교를 마치고 돌아오는 비행기 안에서 잠시 나는 잠이 들었다. 잠깐 단잠을 자고 비행기가 흔들려 눈을 뜨니 옆에 계신 담임 목사님께서 "권사님! 이렇게 잘 때가 아니에요. 기도하십시다! 지금 인도 대서양인데 비행기 엔진이 고장 나서 한국으로 못 가고 다시 인도로 회항하는데 무사히 가도록 기도합시다!"라고 말씀하셨다. 나는 그 이야기를 듣고 가슴이 철렁했고, 불안한 비행기 안에서 온전히 주님께 의지하며 기도했다. 다행히 비행기는 다시 인도 공항까지 돌아갔고 인도에서 무사히 예상치 못한 하룻밤을 잤다.

다음날 다시 고친 비행기를 타고 한국에 돌아왔다. 돌아오며 나는 두려운 마음에 다시는 인도 선교는 가고 싶지 않았다. 하지만 그 후에 영혼을 사랑하는 마음으로 다시 인도를 찾게 되었다. 선교 현장에는 항상 어려움이 있지만 그때마다 주님이 지켜주실 것을 믿고 선교를 위해 떠날 수 있게 되었다.

4년 후 2차 인도 선교를 위해 델리 지역으로 떠나게 되었다. 델리 지역의 선교는 가정을 방문하여 전도하는 사역이 주된 임무였다. 우리는 현지 사역자와 협력하여 함께 조를 편성해 각 가정을 방문하였다. 침대 하나 크기의 집에 15명 정도의 사람들이 옹기종기 모여 앉아 찌는 듯한 더위를 이겨 가며 하나님의 말씀을 전하며 기도를 드렸다. 마지막으로 우리가 준비한 간증이 끝날 때쯤 그 자리에서 눈물로 하나님의 복음을 받아들이는 그들의 모습을 볼 수 있었다. 이렇게 숨이 막힐 듯한 더위도 그들에게 방해가 되지 않을 만큼 하나님의 복음을 받아들이는 모습을 보면서 나는 하나님께서 이 땅 인도를 얼마나 안타까워하시며 사랑하시는지 느낄 수 있었다. 그렇게 시작된 가정 전도 사역은 4일 동안 50~60명이 하나님께로 결단하는 역사로 나타났다.

슈퍼 셀 리더가 되어 가게 된 일본 선교

슈퍼 셀 리더가 되기까지

당시에 분당 지역 구역 예배를 인도하다 보니 운전이 힘들어 가 끔은 교회 가까운 지역에서 구역을 섬기고 싶다는 생각이 들었고, 마침 구역을 담당하는 문 부목사님이 내 이야기를 들으시고 교회 가까운 송정동에 구역을 주셨다. 그곳은 상가가 밀집한 지역이었 다. 문제는 이미 교육 전도사님들이 두 분이나 셀을 맡았었지만 3 개월도 못 가서 포기할 정도로 어려운 셀이었다. 주일 예배를 지키 지 않는 분들이 대다수였다. 사실상 교회도 포기한 구역이나 마찬 가지였는데 내게 주셨다. 부목사님께 왜 이런 셀을 주셨냐고 여쭤

었더니 이렇게 말했다.

"권사님이 가셔도 셀을 세우지 못한다면 아예 해체하려고 합니다."

그래서 나는 순종하는 맘으로 부구역장인 김 권사님과 함께 상가 셀을 맡게 되었다.

먼저 김순미 집사님 사업장에서 2명으로 셀을 시작했다. 6개월 동안 매주 나오지 않는 셀원들의 상가 셀을 방문하였고, 말씀으로 상담하고 기도로 위로해 주었다. 지속적으로 셀 모임을 하다 보니 한두 사람을 추가로 모을 수 있었고, 그 후 그들은 주일성수도 하게 되었다. 상가 셀이 세워지고 난 후 우리는 믿지 않는 독거노인 16분을 추가로 섬기는 셀로 부흥하였다.

나와 김 권사님은 독거노인 16명과 막 출산한 산모를 셀 구성원으로 섬기기 위해 미역국을 준비하는 등 참으로 열성이었다. 우리는 매주 형편이 어려운 분들을 방문해 반찬거리를 사드리고 청소도 해드렸다. 어버이날이면 작게나마 용돈도 드렸다. 믿지 않던 할머님들은 경찰이 와서 예수를 믿어라 해도 믿음이 생기지 않았을 텐데 이렇게 봉사해 주고 신경을 써 주어 자연스럽게 믿음이 생긴다고 말씀해 주셨다. 그렇게 섬겼던 독거노인들 중 12명이 구원을 받아 주님 앞으로 돌아오게 되었다.

그 중 가장 기억나는 할머님 한 분이 있었는데 여든 평생을 불교를 절실히 믿던 분이셨다. 그분은 복음을 받아들이고 난 어느 날 염주와 불경 책들을 우리에게 가지고 오셔서 없애달라고 부탁하셨다. 복음을 받아들이고부터 마음이 평안해지셨다고 하셨다. 나는 그분을 보면서 하나님이 택한 백성은 언젠가는 주님께로 돌아오게 하신다는 생각이 들었다.

그 후 첫 번째로 부구역장인 김 권사님에게 1호 구역을 분가하였다. 나는 그 후 근처에 있는 안은희 집사님 댁에서 아기 엄마들을 중심으로 전도하기 시작했고, 1년 후에 그때 함께한 안 집사님에게 2호 구역을 분가할 수 있었다. 몇 개월 후에 다른 김 집사님에게 같은 해에 3호 구역까지 분가하였다. 그러다 보니 자연스럽게 나는 상가 셀에서 분가된 1-3호 셀 전체를 담당하는 슈퍼 셀 리더가 될 수 있었다. 이 모든 것은 하나님이 하셨다. 전도를 하다 보니 그루터기 같은 믿음이 얼마나 중요한지 잘 알게 되는 계기가 되었다.

일본 선교

일본 선교는 남편과 처음으로 함께 가게 된 해외 선교였다. 우리 부부가 일본 단기 선교를 가게 된 것은 전적으로 교회의 후원이었다. 그 해에 교회에서 슈퍼 셀 리더가 되는 사람에게 부상으로 일본 단기 선교를 가도록 지원해 주었기 때문이다. 그런 의미에서 우리 부부에게는 일본 선교가 더욱 의미가 있었다.

일본 단기 선교는 담임 목사님을 중심으로 우리 내외, 김 장로 님, 그리고 청년들과 함께 준비하였다. 오사카를 방문했을 때는 쓰나미 여파로 한참 복구 중일 무렵이었다. 신문이나 텔레비전에 서 복구하는 작업을 보긴 했지만 직접 그 땅에 가서 보니, 정말 말 그대로 쓸려 나갔다는 표현이 딱 맞았다. 우리는 도착하자마자 오 사카 히까이 요양원으로 가서 선교 활동을 시작했다.

오사카는 쓰나미 사고 지역에서 훨씬 멀리 떨어진 곳이었는데 도 사람들은 우울증을 앓고 있는 것처럼 어두워 보였다. 요양원에 계신 할머님들의 표정 또한 처음에는 너무 어두웠다.

우리는 기도하는 마음으로 공연을 시작했다. 마지막으로 아리 랑을 부를 때쯤 그분들의 얼굴에 환한 미소가 보이기 시작했다. 하나님이 그분들의 얼었던 마음을 열게 해주셨고, 그래서 우리는 그분들께 복음을 전하고 돌아올 수 있었다.

이튿날에는 가가호호 가정을 방문하는 선교를 시작했다. 각 가 정을 방문하여 복음을 전할 때 기대 이상으로 많은 분들이 복음 을 받아들였다. 감사한 마음으로 우리는 아카시아 다리 밑 해변으 로 가서 노방 전도를 했다. 그곳에서도 많은 분들이 복음을 받아 들였다. 전도를 마치고 숙소로 돌아와서 일본인 목사님의 목회자 가 되신 간증을 들을 수 있었다.

젊은 시절 힘든 삶의 무게와 고통에서 벗어나기 위해 술만 드시고 살았다고 했다. 그러던 어느 날 우연히 우리나라에서 선교 간 청년 한 명이 부른 찬송가를 듣게 되었고 그 자리에서 예수를 믿게 되었다고 한다. 그 뒤에 목회자가 되기로 결심했다고 한다.

한 사람의 선교사가 방황하던 영혼을 구원하고 오사카를 구원하는 목회자가 되게 만들었다는 이야기는 참으로 위대함을 느끼게 해주는 일화였다.

이번 일본 단기 선교는 남편과 함께 복음을 전할 수 있었던 것에도 특별한 의미가 있었지만 여러 곳을 방문하며 전도할 때마다 하나님께서 미리 그분들의 마음을 열어 주시고 만져 주셨음을 깨닫는 것도 의미가 컸다. 선교를 향한 씨앗을 뿌리는 것은 우리지만 열매를 거두시는 분은 주님이라는 것을 깨닫는 중요한 체험이었다. 마찬가지로 일본인 목사님의 간증을 통해서도 그런 선교의 중요성을 잘 알게 되었다.

8 장

가정 속 성경 원리의 생활화

.1.

자녀 교육의 세 가지 원칙

어려운 환경 속에서도 아이들은 나의 꿈이자 미래였다. 아마 주어진 여건만을 봤다면 그 당시 나의 삶을 다 살지도 못하고 포기했을지도 모르겠다. 하지만 오늘의 내가 존재함은 그렇게 힘든 삶 속에서도 그 무엇보다 하나님이 선물로 주신 소중한 자녀들이 있었기 때문이다. 그래서 자녀들에게는 나름대로 교육을 엄하게 했던 것으로 기억난다. 그래서 몇 가지 원칙들을 만들어 두고 지키려고 했던 것 같다. 지금도 그 원칙들은 우리 자녀들의 뇌리에도 뚜렷하게 기억될 만큼 크게 영향을 미쳤던 것 같다.

첫 원칙은 자녀들의 공부와 관련된 것이다. 신당등에 살던 1977

년이었다. 장사하고 지친 몸으로 집에 와보면 당시 초등학교 2학년인 큰아들이 공부도 숙제도 하지 않고 항상 놀려고만 했다. 사실 돌이켜보면 초등학교 2학년이 무슨 공부를 얼마나 하겠는가 하는 생각이지만, 공부는 습관이 중요한 것이기에 큰아들을 그대로 방치하는 것은 용납되지 않았다. 그래서 숙제를 하지 않으면 책부터 불에 태우겠다고 경고했고 몇 달을 참고 참다가 드디어 나는 큰아들에게 내가 뱉은 말을 실천하겠다는 한 마디를 던지고 말았다.

"공부하기 싫으니? 그럼 책부터 아궁이에 태우자. 학교, 안 가도 된다."

큰아들은 내가 진짜로 책을 아궁이에 집어넣고 불태울 줄 몰랐던 모양이다. 하지만 나는 이미 약속한 대로 부엌 아궁이에 교과서를 내려놓고 순식간에 불을 붙였다. 큰아들은 불에 타는 교과서를 보고서야 무릎을 꿇고 울면서 잘못했다고 빌었다. 잘못을 비는 큰아들과 앞으로는 숙제나 공부를 마친 뒤에 놀기로 약속을 했다.

그 약속의 힘은 나중에 그 뒤로 단 한 번도 공부하라며 큰아들을 야단친 적이 없었다는 점에서 아주 놀라운 것이었다. 공부는 누구를 위한 것도 아니고 자기 자신의 미래를 위해 스스로 알아서 하는 것이라는 이해를 심어준 것만으로도 큰 성과였다.

두 번째 원칙은 평상시 아이들을 키울 때 공부를 해야만 하는 이유와 관련해 부모로서 해줄 수 있는 것의 범위와 한계를 가르친 것이었다. 사람은 누구나 하나님의 백성이라는 표시만 가지고 태어났기 때문에 죽을 때 하나님께서 약속하신 땅, 천국으로 돌아갈 때는 가진 모든 것을 다시 하나님께 돌려드리고 가야 한다.

그래서 부모님이 가진 것들은 부모님이 다시 하나님께 돌아갈 때 자녀가 아닌 하나님의 일에 돌려드리고 가야 한다고 주입시켰다. 얼핏 생각하면 부모님으로부터 숟가락 하나도 물려받지 못하고 온갖 고생을 겪으며 가정을 일으키고 가족을 세워 왔던 내 경험을 감안해 자녀들에게만은 그런 고통을 안겨 주고 싶지 않을 수도 있다. 그래서 얼마 되지는 않지만 유산을 아이들에게 물려줘야 한다고 생각할지도 모른다. 하지만 하나님께서는 내게 그런 생각 자체가 아이들의 미래를 더 망치는 일이 될지도 모른다는 생각을 주셨다. 자립하지 못하는 자녀로 만들어서 하나님 나라에 갈 때까지도 자녀들 걱정에 힘이 들지도 모를 미래를 생각하면 그건 아니라는 생각을 주셨다.

그래서 어려서부터 아이들에게는 엄마, 아빠가 해줄 수 있는 것은 재산을 물려주는 것이 아니라 공부하는 습관과 하나님의 지혜로 스스로 자립할 수 있는 능력을 물려주는 것이라고 가르치기 시작했다.

"공부는 끝까지 가르친다. 하지만 재산은 물려주지 않는다. 다만, 하나님을 믿는 굳건한 믿음만은 유산으로 물려준다."

물론 어린 자녀들이 이런 원칙을 말한다고 해서 잘 이해할 수 있을지 알 수 없는 노릇이고, 아이들에게는 단지 공부하라는 이야기로밖에 안 들릴지도 모른다. 그러나 지금도 내가 적은 물질이지만 하나님을 위한 일에 사용하겠다고 했을 때 자녀들로부터 반대 의견이 없는 것을 보면 무의식중이라도 자녀들에게 두 번째 원칙이 심어진 것은 분명하다.

세 번째 원칙은 용돈과 관련된 경제관념을 심어주는 일이었다. 초등학교 2학년이 되면 자녀들에게 용돈을 주기 시작하며 통장을 만들어주고 학용품과 간식 사고 남는 돈을 통장에 저축할 수 있도록 했다. 일정 범위에서 필요한 물건을 자녀들이 직접 관리하는 돈을 통해 지출하면서 저축의 개념도 스스로 깨우치게끔 했다. 물론 용돈을 받으면 10분의 1을 떼어 놓아 십일조 헌금을 하는 것도 동시에 습관이 되도록 했다. 믿음은 좋은 습관에서 시작되는데 나중에 이런 습관들은 아이들이 십일조 원칙을 지키면서 살게 해주는 중요한 교육 지침이 되었던 것 같다. 물론 용돈과 관련된 원칙은 실제로는 많은 시행착오를 통해 완성되었다. 자녀들에게 주어진 용돈의 사용과 관련해 처음에는 나의 간섭이 많았고, 자녀들도 장난감 욕심에 그쪽으로 돈을 사용하는 경우가 많았다.

한 번은 큰아들이 용돈을 절약해 초등학교 6학년 때 당시에 2만 원이 넘는 프라모델을 사가지고 집에 온 적이 있었다. 물론 나에게는 그 장난감을 사겠다는 얘기도 없었다. 혼자 가기는 부담이었던지 어린 동생을 데리고 함께 사러 갔다가 집에 들어오는 것을 발견했다. 나는 큰아들을 크게 혼내고 벌을 세웠다. 큰아들은 원칙대로 내가 준 용돈의 범위 내에서 사용한 것인데 그 원칙을 세운 나는 정작 화가 나서 이를 벌하고 말았던 것이다. 물론 내가 화를 낸 것은 아무리 용돈을 절약해 물건을 산다고 해도 일정 금액을 넘는 경우는 부모님에게 미리 허락을 구해야 하는데 그러지 않았다는 것 때문이었다. 하지만 그것까지는 미리 가르쳐주지 않았기에 나중에는 나도 후회했다.

둘째 아들과 셋째 딸도 초등학교 2학년이 되면서부터 용돈을 관리하기 시작했고 착실히 경제관념을 몸에 익혀가고 있었다.

둘째 아들이 중학교 2학년 때였다. 윗집에 세를 들어 살던 새댁이 월세를 얼마만큼 올릴 예정이냐고 나에게 물어온 적이 있었는데 그때 둘째 아들이 옆에 있었다. 그래서 얼마나 올려 받아야 하나 고민하고 있는데 갑자기 둘째 아들이 이렇게 말하는 것이었다.

"엄마, 내가 용돈을 받지 않을 테니, 윗집 월세를 올리지 말아주라."

둘째 아들은 자신이 나중에 커서 엄마 품을 떠나 독립하면서 월세를 살 때에 집주인이 갑자기 월세를 올린다면 얼마나 힘들겠냐고 하면서 엄마가 한 번만 더 생각해 달라고 요청했다. 경제관념을 하나씩 익혀 가면서도 내 우려와 달리 어렵고 힘든 이웃을 먼저 생각할 줄 아는 마음가짐도 착실히 채워 가고 있었다.

가정 예배와 함께 역사하신 하나님

31여 년 가정 예배의 중심지, 잠실 석촌동 집

1987년 중곡동에서 잠실로 이사를 한 뒤, 31년이나 한 집에서 살았다. 잠실에 살면서 매일 밤마다 철야와 새벽 기도를 위해 영동대교를 가로지르며 비전교회로 향했다. 우리 가정은 이 집에서 드린 가정 예배를 통해 많은 역사를 체험했다. 자녀들의 대학 진학도, 결혼도 이 집에서 했다. 손자들과 외손녀 역시 이 집에 살면서 하나님이 선물로 주셨다.

성동구 송정동이나 중곡동에 살 때와 달리 송파구 잠실로 이사

오면서 교회가 더 멀어졌다. 주로 밤 11시에 철야를 시작했는데 집과 교회가 멀다 보니 쉴 시간이 부족했다. 또한 일주일에 4일을 교회에서 봉사했으니 힘도 들었다. 하지만 하나님은 내게 기도를 요구하셨기 때문에 철야를 거를 수는 없었다. 때로는 수요일과 금요일, 철야 기도 때마다 교회 근처의 김영란 권사님 댁에서 신세를 많이 졌다. 권사님 댁에서 저녁까지 먹고 얼굴도 씻고 잠시 쉬었다가 철야 기도를 가곤 했다. 그때 권사님을 통해 '나도 나중에 교회 근처로 이사 와서 집이 먼 분들이 우리집에서 쉬며 가실 수 있도록 섬기면 좋겠구나.'라는 생각을 하게 되었다. 그 후 정말로 2018년 5월에 잠실의 집을 팔아 다시 36년 만에 송정동 교회 근처로 이사 오게 되었다. 지금은 교회 근처에서 하나님을 섬기는 것이 참 기쁘며 이 모든 것이 하나님의 은혜다.

잠실에 살 때에 철야부터 새벽 기도까지 마치고 집에 돌아오는 차 안에서는 찬송을 주님께 부르며 기도했다. 그때 차 안에서의 시간들은 나에게 그 시절 힘들었던 순간순간을 극복할 수 있는 힘이 되었다.

대신 나의 새벽 기도와 철야 때문에 남편 얼굴을 제대로 보지 못하고 지낼 때도 많았다. 남편은 새벽 다섯 시에 사업장으로 나가고, 나는 새벽 여섯 시에야 집에 돌아왔으니, 우리 부부는 일주일에 겨우 세 번만 얼굴을 볼 수 있었다.

믿음이 약했던 시기에는 남편의 불평불만이 많았다. 하지만 그런 새벽 기도와 철야가 없었다면 한평생을 하나님 일을 할 수 없었을 것이다. 그리고 귀한 동역자들도 만나지 못했을 것이다. 수원과 흑석동에서 수십 년 동안 비가 오나 눈이 오나 자기 지역을 위해 자리를 지키며 전도특공대와 예사모, '예수님을 사랑하는 모임' 활동을 하는 협력자 분들을 볼 때면 나 역시 많은 힘을 얻게 되고 전도 사명도 더 불태울 수 있었다.

자녀들의 기도 응답, 2015년 가정 예배

우리 가정은 모일 때마다 일상이 아무리 힘들어도 꼭 가정 예배를 드린다. 특히 매년 초하룻날이나 연말에는 기도원을 찾거나 온 가족이 모여 한 해를 돌아보며 어떻게 살았고, 새해에는 어떤 계획을 세우고 있는지 기도하고 이야기를 나눈다. 과연 하나님 앞에 올바른 믿음 생활을 했는가, 아니면 세상만 쫓아가며 살았는가를 되돌아보며 새해에는 좀 더 하나님 앞에 순종하며 헌신하는 자세로 살 수 있기를 온 가족이 모여 소망하며 기도한다.

2015년에 있었던 연말 가족 예배에서 큰아들은 그동안 겪었던 어려움을 고백했다. 7전8기로 어렵게 고시에 합격하기까지도 숱한 어려움이 많았지만 취직 후 유난히 재작년에는 일이 잘 풀리지 않았다고 했다.

아들은 해외 근무를 위해 그해 10월 동남아시아 국가 중 한 곳에 지원을 했지만 떨어졌다. 이후 동남아시아 국가보다 더 어렵다는 유럽 국가에 위치한 국제기구로 다시 지원했다. 하지만 동남아시아 국가 파견보다 어려운 과정이라며 큰아들은 별 기대를 하지 않았다. 자신보다 뛰어난 능력을 갖춘 사람들이 함께 지원했다며 몹시 두려워했다. 그러던 중 연말 가족 예배에서 큰아들은 갑자기 하나님께서 응답을 주셔서 1차 선발 시험에 합격했다고 했다.

그러나 내게 더 중요한 것은 1차 선발 시험 합격이 아니었다. 하나님이 모든 것을 하셨다는 아들의 고백이 나를 더 놀라게 했다.

큰아들은 하나님의 기적 같은 역사 외에는 자신이 합격한 것을 설명할 수 없다고 고백했다. 아들은 곧바로 2차 선발 준비에 들어갔다. 나와 큰며느리는 큰아들을 위해 한 달간 기도로 응답하심을 기다렸다. 계획대로라면 2차 선발 결과가 나오는 대로 3월에 출국을 해야 하는 상황이었다. 하지만 예정된 시간이 지나도록 아무런 연락을 받지 못했다. 얼마나 애가 탔겠는가. 그래도 우리는 좌절하지 않고 기도했다. 마침 특별 작정 새벽 기도가 비전교회에서 시작되었는데 세종에 사는 큰아들이 올라올 수는 없었지만 그곳에서라도 동참하도록 권면했다. 큰아들 내외는 그렇게 하겠다고 했다. 나는 그런 큰아들에게 이렇게 말해 주었다.

"하나님이 너를 도우실 것이다. 너희의 간절함을 담은 기도를 통해 하나님은 너와 너희 가정을 그 땅에서 사용하실 것이다. 마음을 가라앉혀 기도하며 기다려라. 하나님은 당신의 때에 일하신다."

큰아들은 최종 선발되었고 나중에 해당 국제기구 면접도 잘 마쳐서 최종 합격했다. 그 후 유럽의 국제기구에서 이코노미스트로서 3년의 근무를 마치고, 지금은 복귀하여 국내에서 근무하고 있다. 큰아들은 고시를 준비하면서는 자신을 낮추며 하나님을 자신의 주권자로 인정하는 것에 서툴렀다. 하지만 이번에는 중대한 결정 앞에서 하나님의 때를 기다리며 기도로 순종하고 하나님의 역사하심만을 간절히 간구했기에 좋은 결과를 얻은 것이라며 모든 영광을 하나님께 돌렸다.

둘째 아들도 대학 입학부터 삼수를 하는 등 우여곡절이 많았다. 전자공학과를 고집하느라 재수에도 불구하고 떨어졌다는 소식을 들은 날이 지금도 기억에 남는다.

재수 때 치른 학력고사는 2교시 답안을 밀려서 작성하여 제출하면서 이미 포기할 수밖에 없는 상황이었고, 결과도 그랬다. 연이은 후기 시험도 일정을 놓치는 등 무언가에 홀린 듯이 재수를 망쳐, 집에 돌아와 죽고 싶은 심정을 고백하며 안방에서 이불을 덮어쓰고 한참을 울면서 기도했다. 그 옆에서 나또한 너무나 아픈 마음을 붙잡고 기도하는데 아들이 벌떡 일어나 내게 말했다. "엄마! 하나님께서 나와 함께 한다고 하시니 저 이 괴로움 이길 수 있어요!"라며 다시 공부를 시작했다. 내가 볼 때는 힘들고 두려울 것 같은 삼수의 시간들을 둘째 아들은 그 사건 이후로 정말 즐겁게 공부하기 시작했고, 편안한 삼수 생활 끝에 원하던 전자공학과에 합격하게 되었다. 둘째 아들은 그 후로 평탄하게 믿음 생활을 하면서 지금은 굴지의 대기업 연구소 수석 연구원(부장)으로 근무 중이다.

하지만 몇 년 전까지만 해도 부장으로 승진하기까지 어렵고 힘든 10년이란 시간들이 있었다. 승진 발표에서 2년째 누락되어 마음고생이 심했다. 둘째 아들은 같은 해 연말 가정 예배에서 '올해까지 2번째 승진 발표에 떨어지면서 한 가지 하나님을 가장 먼저 생각하는 삶을 살았는지 돌아보았다'고 고백했다. 하나님을 최고의 우선순위로, 어디를 가더라도 하나님을 드러내는 제자로 살지 못했음을 회개하고 순종하는 삶을 살겠다고 기도했다. 승진에는 또 떨어졌지만 영적으로는 더 강건해지고 풍요롭게 되었다는 둘째 아들의 고백에 나는 가슴이 아팠다. IMF 경제 위기 시절에 둘째 아들이 가족을 위해 한 희생이 떠올랐기 때문이다.

물질적 어려움으로 당시 세입자들에게서 항의 전화를 많이 받고 있을 때였고, 둘째 아들은 대학원에 진학해 오리엔테이션을 받고 다니던 중이었다. 내가 세입자의 전화를 받으며 시달리는 소리를 듣던 둘째 아들은 돈 문제로 힘든 상황인데 왜 이야기하지 않았냐며 그날로 대학원을 그만두겠다고 말했다. 그러면서 형은 고시 공부 중이니 끝까지 도와주어야 한다고 덧붙였다. 자신은 나중에 돈 벌어 대학원에 갈 수 있다고 나를 위로했다. 둘째 아들은 그 후로 대기업에 취업해 생활비를 보태 주는 역할도 하였다. 나 역시 IMF 경제 위기만 끝나면 생활 형편이 나아진 후에 둘째 아들을 대학원에 꼭 보내겠다고 생각했다. 그런데 지금까지도 둘째 아들을 그때 대학원에 보내지 못한 것은 평생의 후회로 남는다. 하나님은 믿음 생활을 잘하는 둘째 아들을 석사나 박사들이 넘쳐나는 대기업 연구소에서 학사 자격만으로 수석 연구원인 부장이 될 수 있게 도와주셨다. 이 모든 것은 하나님의 은혜가 아니고서는 이룰 수 없는 일이다.

우리 가족의 고백과 기도는 비록 자녀들만이 아니고 결혼한 배우자들에게도 이어졌다. 막내딸과 결혼한 사위도 하나님의 큰 역사를 경험했다. 사위는 그동안 다니던 회사를 그만두고 이직을 하고 싶어 했다. 하지만 사위의 전공과 관련한 회사가 많지 않았기 때문에 이직에 어려움이 많았다. 비슷한 일을 하는 회사 두 군데에 지원했으나 모두 떨어져 실망도 컸다. 막내딸과 사위는 매일 저녁마다 가정 예배를 드리며 하나님께 올바른 길을 열어 달라며 간절히 기도했다. 2층에서 매일 막내딸과 사위가 부르는 찬송과 기도 소리가 1층 거실에서 들릴 때면 나와 남편이 오히려 반성하며 가정 예배를 드릴 정도였다. 딸과 사위는 시편을 읽다가 눈물로 주님 앞에 이렇게 기도했다고 한다.

"하나님 앞에 전적으로 맡기지 못한 저희를 용서하소서."

서울에서는 더 이상 관련 경력직을 모집하는 회사가 없었기에 사위는 고향인 부산에 있는 외국 기업에서 관련 경력직을 뽑는다는 소식을 듣고 지원한 적이 있다. 만일 그 회사에 합격한다면 막내딸은 주말 부부로 지내던지, 아니면 함께 부산으로 내려가야 하는 상황이었다.

처음에 홀몸이 아닌 딸을 생각하며 반대했다. 그러나 딸은 이미 마음을 비우고 부산에 있는 회사에 합격하는 것도 다 하나님의 뜻이라며 하나님이 사위를 어디로 데려다 놓으시든 함께할 것이라고 고백했다.

사위는 내 반대로 고민하던 중에 딸의 말에 힘을 얻고, 나에게는 출장 간다고 거짓말까지 하고 부산으로 면접을 보러 갔다. 그러나 정작 회사 건물 앞까지 간 사위는 허허벌판에 건물 하나만 있는 것을 보고 아무리 생각해도 이건 아니다 싶었는지 딸에게 전화를 걸어 시험을 안 보고 올라가겠다고 했다. 그랬더니 딸은 세상 어디든 당신이 가면 무조건 따라갈 테니 시험을 보고 오라고 용기를 주었고 사위는 면접을 보았다.

그런데 하나님의 역사는 사람의 좁은 시야로는 도무지 판단할 수 없다. 사위가 시험을 보러 간 부산 지사에 하필이면 그날따라 서울 사장이 출장을 왔다가 면접관으로 앉아 있었기 때문이다. 사위는 면접 중 부인이 임신 중이며 교회를 다니고 있다는 신앙 관련 이야기까지 세세하게 했다고 한다. 신앙에 대한 이야기로 좋았던 면접 분위기는 처지게 되었고 면접관들이 이상한 사람처럼 쳐다보았다고 했다. 그런데 그런 면접장 분위기와 달리 면접 후 서울 사장님이 별도로 사위를 불렀다. 부산까지 와서 일할 수 있는지 물어보면서 부산 대신 서울에 자리를 마련해줄 테니 서울에서 같이 일하자고 제안했다고 한다. 사위는 예상치도 않았던 서울 근무 제의를 그 자리에서 승낙했다.

건물만 보고 면접을 포기하려 했던 사위가 딸이 준 강한 용기를 바탕으로 면접을 본 것은 하나님이 주신 지혜다. 서울 사장을 면접관으로 보내신 것도 하나님께서 하신 역사라고밖에 설명할 길이 없다. 사위는 지금도 외국 회사를 서울에서 잘 다니고 있다.

우리 가정의 자녀들은 다 만혼(晚婚)이었다. 첫째 아들은 서른 다섯에 결혼했고 둘째 아들은 마흔 둘에, 막내딸은 마흔에 결혼하였다. 돌아가신 김찬국 장로님이 자녀 결혼을 위해서 초등학교 다닐 때부터 기도를 시작하라고 하셨으나 그 당시 나는 그럴 필요까지 있을까 싶어서 그렇게 하지 않았다. 한때는 자녀들 결혼이 늦어지다 보니 아예 못 할지도 모른다는 두려움을 가진 적도 있었다. 선을 주선해 줘도 결혼까지 이어지지 않아 걱정도 많았다. 그런데 지나고 보니 하나님께서는 이미 좋은 며느리들과 사위를 만날 시간과 상황도 미리 준비해 두시고 계셨다.

며느리들은 모태 신앙으로 믿음의 가정에서 오게 되었다. 그렇기 때문에 주일 예배나 기본적인 신앙을 장황하게 설명할 필요도 없었다. 막내 사위는 믿음이 없는 가정에서 자랐지만 딸과 만나 믿음의 선한 가장이 되었고 하나님 앞에 무릎 꿇는 자녀가 되었다.

182

자녀들은 자신의 진로 외에는 자라면서 힘들게 하는 일이 없었다. 좋은 짝을 만나 성령으로 충만한 가정, 믿음의 명문가를 이룰 수 있도록 인도하심도 하나님께만 감사할 따름이다.

Box 5

자녀에게 강조한 3가지 성경 원리:
주일예배, 가정예배, 십일조

가정 예배와 관련해서 제일 먼저 떠올렸던 사람은 요한 웨슬레(John Wesley)의 어머니인 수잔나(Susannah)였다. 그녀가 아홉 명이나 되는 자녀들을 잘 길러낼 수 있었던 것은 성경 말씀이 있었기 때문이었다. 아이들 교육은 가정에서 시작해 학교, 사회로 나가지만 밑바탕은 가정에서 가르치는 하나님 말씀이어야 한다는 것이다.

영아부 부장으로 봉사했던 경험은 그간의 자녀 교육과 관련해서 자신을 돌아볼 수 있는 아주 특별한 시간이었다. 마침 영아 교육 공부 중에 태중부터 만 다섯 살 때까지가 매우 귀한 시기임을 알게 되었다. 뇌 용량이 이미 그 시기에 형성된다고 한다. 말씀을 듣지 못한 아이로 키우는 것과 영아 때부터 하나님의 말씀을 들으면서 키우는 아이는 차이가 생겨날 수밖에 없다. 영아부 부장으로 사역하면서 영아부야말로 태중에서부터 만 5세까지의 자녀들을 하나님 말씀과 기도로 키우는 소중한 도구라고 생각하게 되었다. 우리 자녀들에게도 주일 예배 중심, 가정 예배 중심, 십일조 중심의 생활을 강조하였다. 그리고 습관으로 정착되어야 한다고 했다. 믿음은 몸에 밴 습관이 되어야 하며 본능적으로 움직이지 않으면 도전과 유혹으로 힘들다는 것을 알게 되었기 때문이다.

예수님을 믿고 나서는 아이들과 시작된 가정 예배를 통해 삶에 힘을 얻게 되었다. 말씀은 영적인 양식이며 기도는 영혼의 호흡이다. 하나님과 교제하지 않으면 우리 영혼은 서서히 죽어간다. 성경 말씀을 읽고 기도하는 것이 숨 쉬는 것처럼 자연스러운 환경을 조성해 주는 것이야말로 부모가 해줄 수 있는 최선의 노력이라고 생각한다. 아이들은 부모의 거울이라는 말처럼, 부모가 말씀과 기도를 통해 살면 아이들은 자연스럽게 따라하게 된다. 또한 비록 아이들이 어리더라도 가정 예배 시 돌아가면서 말씀을 전할 수 있는 기회를 주어야 한다. 어른들 눈에야 아직 아기들 같지만 자신의 순서를 맡게 된 자녀들은 나름대로 원칙을 만들고 성경에 대한 더 강한 배움의 욕구를 가지게 되고 결국은 말씀 전하는 역할도 할 수 있게 되었다. 아이들을 통해 전해지는 말씀을 보며 하나님도 얼마나 기뻐하실지 생각하니 나 또한 감사한 마음이 들었다.

Box 6

큰아들의 고시 공부, 7전 8기

큰아들은 7전 8기 끝에 행정고시에 합격했다. 여섯 번째로 떨어졌을 때 모 은행 연구소에 취직했다. 연수 받고 출근만 하면 되는데 갑자기 일주일 금식 기도를 한 큰아들은 다시 고시원으로 들어갔다. 큰아들은 물론 나 역시 그 상황을 이겨내기 힘들었다. 담임 목사님은 나에게 느헤미야가 120일을 기도하고 성전 건축을 했던 것처럼 120일 철야 기도를 시작해 보라고 말씀하셨다. 순종하는 마음으로 그날부터 바로 철야 기도에 들어갔다.

기도 중 갈멜산 기도원을 찾아 5일 금식 기도를 하던 때였다. 기도 굴에서 기도하던 중 천장과 벽에 새카맣게 붙은 거머리들을 보고 소름이 돋았다. 더 이상 기도에 집중할 수 없을 만큼 두려워 굴을 뛰쳐나오고 싶었지만 사탄에게 질 수 없다며 찬송가 348장 '마귀들과 싸울지라', 350장 '우리들이 싸울 것은'을 부르며 벌레 같은 사탄은 물러가라고 더 강하게 기도했다. 한참 만에 눈을 떠보니 거머리는 사라져 있었다.

마귀의 궤계를 능히 대적하기 위하여 하나님의 전신갑주를 입으라.

(에베소서 6장 11절)

하지만 큰아들은 7번째 고시도 떨어졌다. 나는 낙심한 아들을 데리고 갑자기 지리산 종주를 떠났다. 2박 3일의 고된 일정이었다. 30kg짜리 배낭을 짊어지고 노고단에 도착했을 때 아들과 오기를 잘했다고 생각했다. 10월 중순이라 산속은 많이 선선했다. 하루 종일 15시간 이상을 걷기도 했고 새벽에 산행을 하며 멧돼지를 만나 기겁하기도 했으며, 씻어 놓은 쌀을 잃어 버려 끼니를 굶기도 했다. 다행히 지리산 천왕봉 일출을 볼 수 있었다.

2박3일의 일정에서 아들과 나는 하나님께서 창조하신 지리산을 등반하며 많은 것을 느꼈다. 아들은 지리산 등반을 끝내고 마음을 다잡아 다시 고시 공부 생활로 복귀했다. 나 역시 한나가 사무엘을 얻고자 기도했던 마음으로 이정화 사모님과 함께 갈멜산 기도원을 갔다. 그런데 나는 몸이 너무 불편해 작정한 5일 금식 기도를 다 채우지 못했다. 함께 간 이 사모님은 큰아들을 위해 끝까지 5일 금식 기도를 하셨고 내게 큰 힘이 되어 주셨다. 지금까지도 이 사모님은 나의 기도의 동역자이시다.

한나가 마음이 괴로워서 여호와께 기도하고 통곡하며
〔사무엘상 1장 10절〕

큰아들은 서른다섯 살에 마지막 여덟 번째 고시에 도전했다. 합격자 발표를 기다리던 날. 나는 분당에서 구역 예배를 드리며 합심 기도를 드렸다. 돌아오는 길에 큰아들로부터 그토록 듣고 싶었던 행정고시 합격 소식을 들었다. 벅차오르는 가슴을 움켜잡고 기쁨의 눈물을 흘리며 감사 기도를 드렸다. 그리고 우리를 도우신 에벤에셀의 하나님께 영광을 돌려드렸다.

사무엘이 돌을 취하여 미스바와 센 사이에 세워 가로되 여호와께서 여기까지 우리를 도우셨다 하고 그 이름을 에벤에셀이라 하니라.
〔사무엘상 7장 12절〕

돌이켜보니 큰아들은 계속 떨어지면서도 기도하라는 내 권면을 무시하고 고시가 소꿉장난이냐면서 비관적이었다. 다섯 번, 여섯 번까지 떨어지면서 오히려 더 부정적으로 변해갔다. 자신의 합격은 하나님 역사와 관계없고 실력이 없어 떨어진 것이라고 했다. 큰아들이 자신에게 임하신 하나님을 보지 못해 더 안타까웠다. 내 눈에는 보이는데 큰아들은 보지 못했다.

그런데 합격하는 마지막 해에 큰아들은 누가 시키지도 않았는데 갑자기 하나님이 하셔야 된다며 주님 앞에 무릎 꿇기 시작했다. 큰아들이 자신이 아닌 주의 은혜로 나가야 한다는 사실을 처음으로 이해하고 자신을 내려놓기 시작한 것이다. 큰아들은 고시원을 기도 방처럼 생각하고 혼자 무릎을 꿇고 기도를 시작했다. 그렇게 시작된 아들의 마음과 내려놓음을 기뻐하신 하나님은 합격을 허락하셨다.

Box 7

막내딸의 소망을 이루신 하나님

1995년 1월 초하루, 막내딸이 다니던 대학을 포기하고 다시 대학 입학시험을 도전해 디자인 학과로 진학하고 싶다는 속마음을 털어놓았다. 막내딸은 중학교 때부터 미술을 전공하고 싶었으나 남편의 반대로 일반 대학에 진학했다. 대학에 들어가서도 전과(轉科)를 하려고 했으나, 그 해 전과 제도가 사라지면서 다시 대학 입학시험을 보기로 결심했던 것 같다. 남편도 늦었지만 딸아이의 의지를 보고 미술 공부를 허락했다.

딸은 21살이라는 늦은 나이에 종합 학원과 미술 학원을 병행하며 혹독한 삼수 생활을 시작했다. 실기 시험 막바지에는 주말도 학원에서 온종일 연습해야 됨에도 불구하고, 딸은 주일학교 교사 봉사를 빠지지 않았고, 새벽 한 시에 학원을 마치면 교회로 함께 가 철야 기도를 했다. 한 번도 철야 기도와 새벽 기도를 안 해봤던 딸에게 큰 변화가 일어났던 것이다. 그렇게 막내딸은 8개월이란 짧은 고생 끝에 130:1의 경쟁률을 뚫고 경희대 산업디자인학과에 합격했다. 수능 성적이 부족하게 나왔음에도 불구하고, 실기 시험을 1등으로 뽑혀서 합격하게 되었다.

준비하던 미술 학원에서 같은 대학 같은 과에 지원했던 다른 학생이 있었다. 그 학생은 부원장님의 여동생이기도 했고, 오랫동안 미술 실기 시험을 준비한 학생이었다. 그 당시 같은 학원에서 같은 대학 같은 과에 지원하면 한 명만 붙게 된다며 가능성 없는 학생은 일찌감치 지원을 못하게 하기도 했다. 딸은 그 학생에 비해 늦게 시작해 실기가 부족했기 때문에 부원장 선생님이 지원을 못하게 막았다. 딸이 끝까지

지원해 보고 싶다고 하자 수업 시간에 딸만 가르쳐주지 않는 등 많은 고난이 있었다. 그럼에도 불구하고 딸은 하나님을 끝까지 의지하고 주일을 지키며 공부했다. 그 결과 같이 지원했던 학생은 떨어지고 딸이 합격하는 놀라운 일이 일어났다. 그로 인해 미술 학원 원장님도 감동하여 교회에 나가게 되었다. 이 모든 것은 하나님의 놀라운 역사하심이었다. 지금도 막내딸과 함께 폭설이 쏟아진 새벽에 눈길을 뚫고 교회 가던 길이 생각난다.

막내딸은 그때까지 하나님에 대한 믿음이 없었다. 그런데 자신의 결정을 앞에 두고 준비하는 과정에서 처음으로 하나님을 만났고 하나님이 직접 자신에게 역사하시는 과정을 지켜보았다. 그때의 믿음이 지금도 막내딸을 지켜내는 신앙의 뿌리가 되었다.

하나님께서 지금까지 우리 가정에 쉽게 주신 것은 하나도 없다. 큰아들은 재수를 했고, 둘째 아들은 삼수를 했다. 하지만 자녀들이 성인이 되는 가장 큰 관문인 대학 진학 과정에서 하나님 앞에 매달려 기도하면서 시련을 이겨내고 참 하나님을 만났던 경험은 자녀들의 인생에 좋은 선물이었다.

심령이 가난한 자는 복이 있나니 천국이 저희 것임이요.

(마태복음 5장 3절)

.3.

순종하는 십일조와 손자들을 위한 천국 보험

IMF 경제 위기로 인한 물질적 고난

1997년 IMF 경제 위기는 전 국민이 허리띠를 졸라매고 힘들게 견뎌야만 했던 시기였고 우리도 마찬가지였다. 장사가 잘 풀리지 않아서 그나마 하던 메리야스 가게도 2년 전에 그만두고 지금의 동평화시장으로 옮겨 다른 장사를 시작하였다. 한동안 장사를 통한 벌이가 전혀 없었다. 다섯 식구를 먹여 살릴 수 있었던 것은 안산에 지어 놓은 집에서 나오는 월세뿐이었다. 그러던 중 안산 셋집에 치매 걸린 시어머님을 모시던 세입자 사정을 듣게 되었다. 돈도 없고 정신적으로도 힘들어 시어머님을 모시지 못하겠다던 세입자

며느리의 이야기를 듣고 딱한 사정을 무시하기 어려웠다. 그래서 나는 그 며느리에게 성경 말씀을 들고 성경이 부모에 대해 가르쳐 주는 말씀들을 하나씩 짚어 갔다.

네 부모를 공경하라. 그리하면 너의 하나님 나 여호와가 네게 준 땅에서 네 생명이 길리라.

(출애굽기 20장 12절)

그리고 내가 어떻게 해주면 되겠냐고 물었다. 상의 끝에 나는 보증금에서 300만 원을 내려 주었다. 지금도 300만 원이라면 적은 돈이 아니지만, 20년 전의 300만 원은 참 큰 액수였다. 더구나 남편 수입도 거의 없는 상황이라 내 코가 석자인데 세입자 편의를 봐주겠다고 결심한 것은 큰 손해를 각오한다는 것이나 다름이 없었다. 문제는 그 세입자 며느리에게 보증금을 깎아 주었다는 이야기가 알음알음 다른 세입자들에게도 퍼진 것이다. 그 뒤로 보모를 모시는 다섯 가정이 같은 처지라며 월세를 내려 달라고 요청해 왔고 그들의 월세나 보증금도 조금씩 내려 주었다. 그때만 해도 그 뒤에 닥쳐올 IMF 경제 위기는 상상도 못하고 있을 때였다.

2년 후 IMF 경제 위기가 터졌고 누구도 피해갈 수 없는 경제적 충격이었다. 우리도 큰 충격을 받았다. 신혼 초에 겪었던 물질적 고난이 다시 시작되었다고 할 만큼 힘들고 괴로웠다.

안산 집에 세 들어 살던 사람들도 직장을 잃고 고향으로 돌아가야 하는 일들이 벌어졌다. 당시 수중의 돈으로 안산 집을 건축할 여건이 되지 않아 세입자들의 전세금으로 건축비를 충당했기 때문에 세입자들이 전세금 반환을 요청할 경우 빠른 시일 내에 그 전세금을 마련할 방법이 없었다. 그때 안산에서는 전세금을 빼주지 못해 소송에 걸리거나 구속된 사람들 기사가 연일 신문을 도배할 정도였다. 그런데 그 시기에 나는 하나님의 은혜로 전혀 다른 상황을 경험했다.

열 가구가 넘는 세입자들 중에 일곱 가구나 이사를 가면서 보증금을 빼주어야 하는 상황이 벌어졌지만 하나님께서는 내가 세입자들로부터 법적 고발이나 신고하겠다는 위협까지는 받지 않도록 도와주셨다. IMF 직전에 그들의 입장을 이해하고 월세나 전세금을 내려 주었던 내 입장을 감안해, 보증금을 돌려주지 못하는 상황을 세입자들이 이해해 주는 역사가 일어난 것이다. 심지어 일부 세입자에게는 거의 1년 동안이나 보증금을 돌려주지 못했다. 물론 그렇다고 세입자들이 내 마음까지 완전히 편하게 해준 것은 아니다. 세입자 중 몇몇은 시도 때도 없이 전세금 반환 요청을 했고, 그 전화 소리는 나를 공포에 떨게 했다. 하지만 그런 몇몇 세입자들에게까지도 벌렁거리는 가슴을 움켜잡고 다독이며 함께 어려움을 지혜롭게 넘기자고 말할 수 있도록 하나님은 내게 힘을 주셨다. 내 말을 믿고 기다려준 세입자들에게 지금도 감사할 따름이다.

지금 생각하면 그런 험악한 상황에도 불구하고 내가 더 큰 화를 입지 않았던 것은 하나님께서 IMF 경제 위기를 대비해 나에게 미리 세입자들에게 베풀 수 있는 은혜를 허락했기 때문인 것 같다. 성경에도 둘을 가지면 하나를 나누라는 말씀이 있고 나보다 더 어려운 사람을 바라보라는 말씀이 있다. 내가 세입자들에게 월세와 보증금을 깎아준 일은 내 이웃을 먼저 생각하라는 마음을 주신 하나님의 뜻이었다. 그래서 세입자들과 나는 최대한 서로를 이해하는 방향으로 IMF라는 국가적 경제 위기를 함께 버텨낼 수 있었던 것 같다. 전적으로 하나님의 은혜 말고는 설명할 수 없었다.

원수를 갚지 말며 동포를 원망하지 말며 이웃 사랑하기를 네 몸과 같이 하라 나는 여호와니라.

(레위기 19장 18절)

한편, 십일조는 평생을 살면서 늘 하나님께 감사한 마음으로 해온 것이다. 비록 생활고에 찌들려 살던 힘든 때도 말이다. 철저한 십일조 생활은 힘들고 어려웠던 IMF 경제 위기 때에도 계속되었다. 다만, 초기에는 수입 자체가 그전에 비해 1/3로 줄어 십일조 역시 줄어들 수밖에 없었다. 줄어든 십일조 봉투를 들고 한없이 눈물을 쏟은 적도 있다.

그런데 IMF 시기 중반에 접어들자 갑자기 남편의 사업이 호황을 맞게 되었다. 거짓말 보태서 하루하루 남편은 돈을 쌀자루에 둘러매고 집으로 들어올 정도였다. 남편도 신기한 일이라면서 놀랐다. IMF 경제 위기 전에는 자신의 점심 한 끼 정도 사먹을 수 있는 수입만 벌던 남편이 갑자기 호황을 맞았기 때문이다. 그 덕분에 가슴속을 억누르던 세입자들 보증금 반환은 그때부터 한 집 한 집 해결할 수 있었다.

1년 만에 전세 보증금을 전부 돌려주고 다시 세입자를 받기 시작하면서 월세 수입이 생활비로 들어오기 시작하자 신기하게도 남편 장사는 다시 전과 같이 어려워졌다. 하나님은 넘치지 않을 만큼만 도와주셨다. 믿음이 없던 남편은 그때의 일을 돌이켜 이렇게 말했다.

"태어나서 하나님이 내 자신에게 무언가를 해주셨다는 것을 처음 느꼈다."

남편은 내게 마치 광야에서 이스라엘 백성들이 배고픔에 절망하다가 만나와 메추라기, 이슬을 먹고 배고픔과 갈증을 해소하게 되면서 하나님을 찬양했던 것 같은 기쁨이었다고 말했다. 하나님에 대한 남편의 첫 경험이었다.

저녁에는 메추라기가 와서 진에 덮이고 아침에는 이슬이 진 사면에 있더니

(출애굽기 16장 13절)

사실 십일조 생활이 처음부터 평탄했던 것은 아니다. 예수님을

194

믿고 충현교회를 다니며 1년이 지날 때까지 십일조를 하지 못했다. 왜냐하면 처음에는 교회를 나가지 않는 남편에게 십일조까지 한다고 하기는 마음에서 허락되지 않았기 때문이다. 남편의 핍박 속에서 하나님께서는 내게 점점 하나님을 깊이 알게 하셨고, 그 축복에 감사를 느끼며 십일조 원칙을 지켜야겠다는 굳은 결의를 하게 되었다. 그래서 1년 뒤부터 나는 남편 몰래 십일조를 하기 시작했고, 그 뒤로 20년 가까이 남편 몰래 십일조를 드릴 수밖에 없었다.

그러던 어느 날 남편이 나의 가계부 장부를 보게 되었고, 그날 남편은 장부를 내게 던지며 십일조와 교회에 대해 핍박이 더 심했다. 나는 너무 고통스러워 그 길로 하나님께 8개월 동안 철야 기도를 시작했다.

나의 기도 제목은 간단했다. 남편이 돈을 안 벌어도 좋으니 예수 그리스도를 영접하고 직접 십일조를 하게 해달라고 하나님께 울며 기도로 매달렸다.

8개월의 철야 기도가 끝날 때 쯤 가정 예배를 드리는데 갑자기 남편이 다가와 나도 함께 예배를 드리고 싶다고 했다. 나는 너무 놀랐고 그때 큰아들이 너무 기뻐하며 아빠에게 이 시간이 오기를 너무 기다렸다고 얘기했던 기억이 난다.

예배가 끝난 뒤 남편은 나에게 십일조 생활을 허락했고, 그 후로 지금까지 남편과 함께 십일조를 내게 되었다. 기적과 같은 이 일은 하나님께서 나의 기도를 안타까워하시며 들어주신 것이다.

손주들의 천국 보험인 선교 통장 만들기

나는 그동안 손자들과 외손녀가 태어나서 호적에 이름을 올리면 동시에 아이들 이름으로 선교 통장을 만들어 주었다. 그래서 어려운 미자립 교회 선교에 그들의 이름으로 동참시켰다. 세계 선교를 다니면서, 지역 선교를 체험하면서, 어려운 지역과 교회를 보면서 선교는 성도들의 삶이라고 생각했기 때문이다. 지금 손자들과 외손녀 이름으로 많지는 않지만 매월 각자 5만 원씩 규칙적으로 선교하고 있다. 네 명의 손자들과 외손녀가 해외로, 국내로 선교하는 중이다.

내게 이런 마음을 갖게 하신 것도 하나님의 은혜다. 아이들은 훗날 커서 할머니가 자신들을 대신해 선교를 시작해 준 것을 알게 되면 어느 때인가 자신들 스스로 할머니의 선교 정신을 이어받아 선교의 대를 이어갈 것이다. 그리고 그 아이들의 자녀들도 그런 아버지와 어머니를 배우며 선교의 전통을 이어갈 것이다. 이는 내가 선교를 믿음의 유산으로 남겨주는 방법이다.

글을 마치며

　지나온 삶 속에 하나님께서 나를 통해서 이루신 일들을 돌아보며 글로 적어가는 과정 가운데 하나님은 나의 전부였음을 고백한다. 하나님의 손길이 닿지 않는 것이 없었음에 감사할 따름이다. 이제 이 글이 한 세대에 머물지 않고 단 몇 명일지라도 생명력 있는 다음 세대들에게 전해져서, 그들을 통해 죽어가는 이 땅의 수많은 영혼들을 살림으로 하나님 나라를 이뤄가는 꿈이 성취되기를 믿음으로 기도한다.

　글을 마치며 지나온 날을 돌이켜보니 감회가 깊다. 매주 두세 번 전도를 위해 송정동 거리를 걸었고, 구역 사역을 위해 부평과

의정부, 분당 등으로 차를 몰았으며, 심지어 중국, 필리핀, 캄보디아, 인도, 일본 등 열방까지 선교를 다녔다. 하지만 주의 일이기에 피곤한 줄 몰랐다. 기쁨과 감사로 충만해져 있었기에 한순간도 피곤할 수 없었다. 주님께서는 주의 일을 하는 동안에는 합당한 건강까지도 허락하셨다. 감사할 따름이다.

비전교회에서 시무 권사로 임직을 받고 20년 넘게 심방 사역을 해오다가 지난 2016년 5월 25일 시무 권사 사역에서 은퇴했다. 그리고 지금까지의 사역을 다시 돌아보았다. 교회에 나오지 못하는 영혼들을 생각하며 가슴 아팠고, 영적 전쟁으로 지쳐가던 성도들을 보며 내 일처럼 애통해 했던 순간은 물론, 그들을 주님 앞으로 인도해 구원의 역사를 함께 누렸던 순간들을 생각해보니 다시금 가슴 한구석이 벅차올랐다. 어려워진 교육기관마다 들어가 교사로, 부장으로 사역하며 부흥을 일궈냈던 시간들도 모두 하나님의 은혜일 뿐이다. 모든 일들을 예비하시고 나로 하여금 행하게 하신 하나님의 역사였다.

시작이 있으면 끝이 있듯이, 시무 권사로서 은퇴하는 것 역시 나이를 먹으며 내가 가야 할 자리를 찾아가는 자연스런 과정이다. 은퇴 후에도 하나님께서 쓰시는 대로 순종하며 충성과 헌신을 할 수 있기를 기대하고 있다. 특히, 그 중에도 하나님이 나를 통해 계획하셨던 수많은 계획들이 믿음의 유산으로 올바르게 남겨지기를 기대해 본다. 그런 기대감의 끝은 통일된 평양 땅에 교회를 건립하는 소망이다. 설사 내 세대에 이루지 못한다면 믿음의 유산으로 평양에 교회를 설립하도록 자녀들에게 부탁하려고 한다. 나의 사명이자 우리 가족의 사명이라고 믿기 때문이다.

지금까지 내 수많은 사역은 물론 해외 선교로까지 마음껏 헌신하게 도와주고 함께 기도로 동역해준 남편, 이종환 안수 집사님에게 진심으로 감사드린다. 주님을 만난 뒤 변화되었고 전적으로 나의 협력자였으며 든든한 버팀목이었기 때문이다.

이 책의 수익금은 모두 선교 헌금으로 사용될 것이다.

\
/
\

해외 성지 순례기

이집트-이스라엘-요르단 성지 순례

담임 목사님 내외분과 장로님 내외분 그리고 나를 포함한 일부 성도들이 이집트 성지순례를 다녀온 적이 있다.

모세가 십계명을 받은 시내산(Mount Sinai)으로 향했다. 시내 산은 시나이 반도의 남부 험악한 산악 지대로 낙타 캐러밴을 타고 가는 방법이 보편적이지만 우리는 모세가 걸었던 길을 밤새 직접 걸어가면서 체험하기로 했다. 새벽 두 시에 시작된 여정이라 전등을 손에 들고 험난한 산길을 걸어갔다. 광야에서 불어오는 미세한 먼지와 낙타 배설물 냄새를 마스크로 막아내며 한 걸음 한 걸음 내딛는 동안 멀리 새까만 하늘 너머로 붉은 태양이 천천히 뜨기 시작했다. 정상에 도착해 모세가 십계명을 받은 장소에 세워진

모세 기념비를 보았다. 조금 내려와 널찍한 큰 바위에 앉아 예배를 드리며 채이석 목사님 말씀을 듣는데 붉은 햇빛이 광야를 환하게 비추었다. 목사님 말씀을 들으니 마치 하나님 음성을 듣는 듯했다.

하산하는 길은 더욱 놀라웠다. 꼬불꼬불 이어진 길을 내려오며 2천 년 전에 모세가 올라갔던 길을 되새겨 보았다. 지금은 관광객을 위해 길이 닦여 있었지만 모세가 시내산을 올라갔을 때는 길도 없는 험난한 바위산이었을 것이다. 모세가 하나님 힘으로 시내산 정상까지 올라간 것이 느껴졌다. 하나님께서 십계명을 내려주실 때 쳤다던 그 어마어마한 천둥소리가 잠시 귀에 들리는 것 같았다.

이집트에서 강을 건너 이스라엘로 넘어 오는 길에 롯의 아내가 소금 기둥이 된 모습을 보게 되었다. 그 모습을 보며 사람의 욕심이 과하면 결국에는 하나님이 허락하신 최후의 탈출 기회조차 스스로를 파괴시켜 버리는 길이 되게 만들 수밖에 없다는 것을 깨닫게 되었다.

그곳은 예수님과 관련된 기적이 일어난 장소들 대부분을 이처럼 고스란히 보존하고 있었다. 가나안 혼인집에서 물로 포도주를 만든 항아리며 예수님이 수태 되었던 장소가 그대로 보존되어 있었다. 예수님이 십자가를 지고 골고다 언덕을 걸어가신 장소는 현재 시장 통로로 이용되고 있었다.

우리는 팔복교회(The Church of the Beatitudes)에 가서 가이드 설명과 목사님 보충 설명을 들으며 성경에 나온 모든 일들이 역사적 사실이었음에 놀라워했다. 이집트에서 봤던 메마른 광야와 이스라엘 옥토에서 자라는 거대한 올리브 나무를 보니 성경 말씀이 하나도 틀리지 않음을 실감할 수 있었다. 하나님 앞에 헌신과 충성을 해야겠다.

한번은 풍랑이 일어나는 갈릴리 바다를 배를 타고 건너기도 했다. 파도가 얼마나 거센지 거친 풍랑이 배 위로 튀어 오르는데 기도를 안 할 수가 없었다. 배 안에서 예배를 드리며 찬송을 불렀다. 베드로가 거센 파도에 겁을 먹자 예수님께서 물 위로 건너오라고 말씀하셨던 그 강이었다. 무사히 강 건너편에 도착해 우리는 점심 식사로 베드로라는 이름의 생선을 먹었다. 우럭보다 조금 큰 생선이었는데 어찌나 맛있던지 부산에서 나고 자란 나조차 그렇게 맛있는 생선은 처음이었다.

다음 일정은 요르단의 페트라(Petra)였다. 페트라는 나무들이 길 한쪽으로 가지를 길게 들이고 있는 '왕의 대로(King's highway)'가 기억에 남는다. 미국과 캐나다 국경 지대에 있는 그랜드 캐니언 같은 장엄하고 광활한 페트라 광경이 눈앞에 있었다. 페트라는 예전에 바다였던 지역이었다.

그 후 시크라는 협곡 사이 페트라의 가장 유명한 알카즈네(Al Kh-azneh)에 도착했다. 파라오의 보물 창고라는 뜻처럼 거대하고 아름다운 장소였다. 높이 43미터 너비 30미터의 거대한 암벽이 장관이었다. 지금처럼 정교한 기계도 없던 시기에 사람 손으로 어찌 그런 거대한 암벽을 세심하게 조각할 수 있었을까 싶었다. 근처 산꼭대기까지 올라갔는데, 10년 동안 성지순례 가이드를 해오셨다는 목사님께서 산 정상까지 올라간 사람은 극히 드물다고 했다. 그 산 꼭대기에는 양을 잡아 피를 받는 그릇이며 제사를 드리던 제단이 세월의 풍파에도 그 자리를 고스란히 지키고 있었다. 산 아래를 내려다보니 암벽을 파서 만든 묘지도 있었다.

요르단의 페트라에서

.2.

터키 성지 순례

터키 카파도키아(Cappadocia)의 파사바(Pasabag) 계곡은 세계에서 보기 드문 진귀한 암석 지형으로 관광 명소가 된 곳이다. 수만 년 전 화산활동으로 용암 및 화산재가 일대를 뒤덮고 오랜 시간 풍화작용에 의해 암석 끝부분이 버섯 갓처럼 만들어졌다. 거대한 암석 기둥 위에 지붕처럼 올라간 버섯 갓 모양의 암석들이 참으로 신기했다. 또한 터키에는 에베소, 서머나, 버가모, 두아디라, 빌라델피아, 사데, 리오디게아 등 성경 속 요한계시록에 나오는 일곱 개의 초대 교회가 있었다. 당시 번화했던 대도시 일곱 곳에 세워진 교회였으나 기독교인들에 대한 박해가 심해 예배당은 대부분 허물어졌다. 그래서 예배를 드렸던 건물은 온전하지 않았다. 교회가 있던 자리에는 대리석 기둥만 덩그러니 남아 있었다.

에베소에는 요한과 누가의 무덤 유적이 있었고 서머나에는 사도 바울이 세운 초대 교회가 그대로 남아 있었다. 사도 바울이 개울가에서 빨래를 하던 루디아(Lydia)에게 복음을 전하고, 루디아는 사도 바울을 자신의 집에 데려가 쉬게 했다. 그 루디아의 집에 교회가 세워졌다.

루디아는 당시 고관들이 입는 옷감에 자주색으로 염색하는 일을 했다. 그때는 자주색을 다슬기 배설물을 가지고만 염색할 수 있었기 때문에 굉장히 귀한 색이었다. 루디아는 하나님이 택한 백성이라 사도 바울을 알아보고 복음을 받아들여 구원을 받을 수 있었다.

교회를 구경하고 사람들이 기독교 박해를 피해 땅을 파고 건설한 지하 도시 카이막클르에 갔다. 지하 도시에서 나는 엄숙함을 느꼈다. 사람들이 끌로 땅을 파서 세운 도시에는 신학교와 기숙사, 예배당 등이 있었다. 그렇게 거대한 지하 도시를 만들기 위해 얼마나 많은 사람들이 고생했을까. 믿음이 없다면 할 수 없었을 것이다. 더욱 놀라운 것은 지하 깊숙하게 내려갔음에도 불구하고 숨 쉬는 것이 전혀 불편하지 않았다.

지하 도시의 우물은 끝을 알 수 없을 정도로 깊었다. 그 우물

가에서 사람들이 물을 길어다 마시는 광경이 눈앞에 그려지듯 했
다. 박해를 피해 숨어 예배드리던 사람들의 믿음, 그 험난한 중에
도 믿음을 잃지 않고 굳건하게 예배를 드린 사람들을 생각해보니
오늘날의 우리는 참 편하게 하나님을 믿고 있는 것이었다. 믿음을
지키기 어려운 환경에서도 어떻게든 방법을 내 하나님을 찬양하던
사람들 마음이 우리에게 전해 오는 듯했다.

성지 순례를 하며 문화 유적과 자연 경관을 보고 들었던 생각
은 하나님께서 세상을 다채롭고 아름답게 만드셨다는 것이다. 선
교 여행을 다니면서 느낀 것은 그 나라의 문화와 예술, 자연 환경
을 직접 접하기 전에는 아무것도 모른다는 것이다. 우리들에게 선

교 여행은 직접 현지의 문화와 자연 환경을 접하고 보다 사실감 있게 과거 하나님의 역사하셨음을 깨닫는 좋은 창이 된 것 같다.

부록 2

내 눈과 마음으로 본
오순희 권사님

기독인의 가장 빼어난 귀감

우리 인생은 시시때때로 다양한 형태의 수많은 바람을 맞고 헤쳐 나가며 살아가고 있다. 봄날 3월의 아직은 쌀쌀함을 안은 훈풍이나 4월의 먼지 회오리바람, 5월의 얼굴을 간지럽히는 살포시바람, 여름날의 후텁지근한 무더운 바람, 한편으론 땀방울을 식혀주는 시원한 한줄기 산들바람, 가을날 산책길 위의 사색을 심화하는 솜털 같은 아기 손 같은 바람, 늦가을 낙엽 진 길 위의 감성을 자극하고 이성을 일깨우는 소슬바람, 겨울날의 살을 에는 칼바람, 그러나 어찌 이러한 비교적 애교스런 바람들뿐이랴?

우리 인생 앞에 부는 바람은 때로는 기분을 상쾌하게 하는 고

마운 미풍도 있지만, 비바람 눈보라로 휘몰아치는 중소형의 폭풍, 천둥 번개 속에 폭우를 쏟아내며 지구를 송두리째 흔들어 뒤집어 삼킬 것처럼 소용돌이치는 태풍처럼 싫든 좋든 예기치 못한 변화무쌍한 크고 작은 바람들을 맞으며 한 치 앞도 내다볼 수 없는 길을 가는 것이 우리의 인생이다.

이러한 험난한 인생 풍파를 오로지 하나님께 순종하는 믿음으로 맞서서 승리의 삶으로 승화시킨 참 신앙인이 계시다. "먼저 그의 나라와 그 의를 구하라"(마태복음 6:3)는 하나님의 말씀을 심령 속에 깊이 새기시고, 오직 예배, 기도, 전도를 체화하여 순종과 헌신으로 실천하여, 기독 신앙인의 가장 빼어난 귀감의 첨탑으로 우뚝 서신 오순희 권사님이시다.

얼마 전 나는 오 권사님으로부터, 오 권사님을 오랫동안 지켜봐오면서 느낀 점을 몇 줄 써달라는 부탁을 받았다. 그러자 나는 선뜻 나도 모르게 그리 하겠다고 대답을 했으나, 마음속으로는 망설이지 않을 수 없었다. 왜냐하면 오 권사님의 신앙이 대학의 박사, 교수급이라면 나의 신앙은 유치원생 수준밖에 안 되는데 감히 오 권사님에 대해 느낌을 적는다는 자체가 주제넘은 일이라는 생각에서였다. 그리고 한편으론 오 권사님의 신앙 일대기를 적은 자서전이 신앙인의 모범 지침서에 조금도 손색이 없다고 생각하는데, 느낌을 적는 것은 오히려 옥에 티를 남기는 사족이 될 것이라는 우려에서였다.

　오 권사님을 처음 알게 된 것은 20여 년 전이다. 그 당시 나는 군자동의 일성아파트를 분양받아 살게 되어 송정 중앙교회(현재 비전교회)에 등록 교인이 되었다. 그러나 안 좋은 개인 사정이 생겨 아파트를 전세 놓고 근무하는 학교 근처인 석촌동으로 이사하게 되면서 오 권사님 구역의 일원이 되어 권사님을 알게 되었다.

　그 당시 나의 신앙 연륜은 20년 이상이나 되었는데도 기복이 심하고 흔들리기 일쑤였고, 교회 출석이 싫을 때가 다반사였다. 그런 나를 적극적으로 놓지 않으시고 매 주일 아침이면 우리 집을 방문하여 반강제적으로 이끌다시피 교회 예배에 출석시키곤 하셨다. 그리고 수시로 전도사님과 함께 학교에 심방 오시기도 하였다. 그러한 오 권사님의 적극적이고 헌신적인 열정과 권면의 덕택으로 얼마 안 가 구역 예배에도 빠지지 않고 참석할 정도로 정상적인 신앙생활의 위치로 되돌아오게 되었다. 또한, 내가 견디기 어려운 고통 앞에서 때로는 순간순간 흔들릴지라도 뿌리는 절대로 뽑히지 않는 지금 현재 내 나름의 견고한 신앙인이 되는데 강력한 조력자로서 자양분이 되어주신 분이시기도 하다.

　한 번은 백양선 장로님(당시 안수 집사)과 오 권사님 댁을 방문하여 저녁을 먹은 적이 있었다. 그날 오 권사님 댁의 집안 분위기와 밥상머리의 오 권사님과 이종환 안수 집사님 내외분의 지극히

평화로운 모습이 많이 부러웠는데 지금도 그 기억이 생생하다. 나로선 개인 사정으로 매우 심기가 착잡하고 불편한 시련기였던 터라 유독 그런 느낌이 든 것은 어쩌면 당연한 것이었을지도 모른다. 그런데 오 권사님 댁에도 그 무렵 상당히 힘든 상황에 처했던 시기란 걸 나중에서야 알게 되었다. 그러한 환난 중에도 오 권사님 내외는 하나님께 순종했고, 하나님과 동행하는 확신적 믿음이 있었기에 그토록 평화로운 모습이 가능했다는 걸 깨닫게 되었다.

오 권사님은 이웃을 잘 챙기시는 분이기도 하다. 내가 오 권사님의 셀원으로 있을 때 반드시 연말이면 셀원들에게 몇 켤레의 스타킹이나 양말 같은 선물을 하셨는데, 작은 것이라고만 치부해 버릴 수 없는 오 권사님의 섬세한 섬김의 정신이 엿보이는 부분이다.

한 발은 세상에, 한 발은 하나님 앞에 서서 적당히 자기 편의주의와 합리화로 눈과 입, 마음과 행동으로 알게 모르게 죄를 지으며, 신앙은 보이기 위해 치장하는 액세서리 정도로 생각하는 신앙인이 결코 적다고 단언할 수 없는 현실 앞에서, 덤불 속에 정결하게 핀, 몇 송이 안 되는 백합화 같은 신앙의 소유자이시다.

불신앙인의 눈으로 보면 분명 지나치다 싶을 정도로 가정보다 하나님과 교회를 더 우선시하는 정말로 예수님과 결혼한 사람 같은 분! 하나님을 섬기는 일이라면 예배, 기도, 전도, 봉사, 해외 선교 할 것 없이 '나의 사전에 2등은 없다'고 할 정도로 적극적으로 실천적 모범을 보이신 신앙인!

나는 집사람과 함께 우리 교회에 오 권사님 같은 헌신적 순종의 신앙인이 몇 사람만 더 있어도 훨씬 부흥이 되었을 거라고 되뇌곤 할 정도로 우리 교회에서의 비중이 너무 크신 보배임은 틀림없다.

우리의 믿음은 구원을 얻기 위함이지만 하나님께 순종하며 제대로 믿으면 샘솟는 축복은 덤으로 온다는 것을 현재 오 권사님 자녀들의 성공과 조금도 부족함이 없는 오 권사님의 가정 형편을 통해서 느끼게 된다.

"수고하고 무거운 짐 진 자들아 다 내게로 오라. 내가 너희를 쉬게 하리라"(마태복음 11:28) 이렇게 하나님께서는 우리를 극진히도 사랑하시고 함께하시며 도와주시기를 기다리시지만, 입술로는 믿는다 하면서도 한사코 멀리 떨어지는 것이 일반화되어 있는 나의 가벼운 믿음을 오 권사님의 실천적 믿음을 통해서 깨닫곤 한다. 나는 수시로 오 권사님께 너무 열심히 하나님께 충성하시기 때문에 병마도 범접하지 못해 항상 건강하시다는 말씀을 종종 드리곤 하는데 그때마다 빙긋이 웃으시곤 하는 모습에서 참 기독 신앙인의 향기를 한층 더 느끼게 된다.

칠순을 넘은 연세임에도 여생 더 열심히 하나님을 섬기기 위해 누구나 선호하는 잠실의 좋은 주택을 팔고 교회 근처 송정동 아이

파크 아파트로 이사하신 것만 보아도 오 권사님이 하나님을 얼마나 많이 사랑하시는가를 짐작할 수 있다. 믿는 자로서 당연히 하나님의 품 안에 거해야 하는데도 세상 것들에 미혹되고 취해 스스로 하나님 밖에서 허우적대는 삶을 사는 비틀거리는 신앙인들이 있다면, 그러한 분들께 오 권사님의 신앙 일대기인 자서전은 바른 길잡이요, 귀감이 되는 지침서가 되리라 확신한다. 아울러 오 권사님처럼 하나님께서 원하시는 순종의 실천적인 믿음 생활을 통해서 놀라운 축복의 기적과 은혜를 체험하는 참 신앙인들이 되기를 소망한다.

기독 신앙인들에게 하나님 섬김의 귀감이 되어 오신 오순희 권사님께 뜨거운 경의와 감사를 올립니다. 부디 하나님의 특별하신 은혜 가운데 건강하시고 축복이 넘쳐 나시길 기도드리며, 여생도 신앙인들에게 더욱 빛나는 하나님 섬김의 사표가 되실 것을 기원합니다.

오 권사님께서 좋은 신앙의 지침서인 자서전을 출간하도록 하신 하나님께 깊이 감사드립니다. 또한 오 권사님께도 마음으로부터 크나큰 꽃다발을 올리며 진심으로 축하드립니다.

2018년 11월
비전교회 김종운 집사

내가 만난 하나님

초판 1쇄 인쇄 2019년 03월 08일
초판 2쇄 발행 2019년 04월 25일
지은이 오순희

펴낸이 김양수
편집·디자인 곽세진
교정교열 박순옥

펴낸곳 도서출판 맑은샘
출판등록 제2012-000035
주소 경기도 고양시 일산서구 중앙로 1456(주엽동) 서현프라자 604호
전화 031) 906-5006
팩스 031) 906-5079
홈페이지 www.booksam.kr
블로그 http://blog.naver.com/okbook1234
이메일 okbook1234@naver.com

ISBN 979-11-5778-367-0 (03230)